이순신,
조선의 바다를 지켜라

하

이순신, 조선의 바다를 지켜라

명량해전에서 노량해전까지

김종대·김정산 글 | 이우일 그림

시루

마음속에 우뚝 자리 잡은 크고 높은 산

이순신은 우리나라 역사에서 제일 크고 높고 얻을 것도 많은 산입니다. 그 크고 높은 산을 어느 길로 오르느냐, 무얼 보고 어떤 것을 얻고자 하느냐에 따라 결과는 달라집니다. 사랑과 정성, 정의와 자력, 탁월한 리더십, 충성과 절개, 지략과 용맹, 신념과 열정, 그 어떤 것도 이순신이란 산에 제대로 오르기만 하면 원하는 만큼 충분히 얻어갈 수 있습니다.

세상에 나도는 이순신 이야기는 많습니다. 그러나 사실과 다른 이야기, 멋대로 지어낸 이야기, 그릇된 추측으로 진면목을 깎아내리는 이야기들도 덩달아 많아서 옥석을 구분하기가 쉽지 않지요. 특히 미래의 주인인 우리 청소년들에게 들려줄 이순신의 참 이야기를 찾기란 쉽지 않습니다.

청소년들이 꼭 알아야 할 이순신 이야기는 어떤 것일까요? 이순신이란 크고 높은 산을 어느 방향으로 어떻게 오를 것이며, 그

곳에서 무엇을 배워야 할까요? 어디에 주목하고 어떤 것을 연마하면 난세에 이순신 같은 사람이 되어 세상을 이롭게 할 수 있을까요?

이 질문에 답을 찾아보았습니다. 청소년들이 쉽게 이순신이란 큰 산에 오르는 바른길 말입니다. 이 길로 이순신을 찾아간 젊은이들이 이순신을 만나 그와 같은 큰 지혜를 얻을 수 있다면, 그래서 이 땅에 장차 수많은 이순신들이 쏟아져 나와 이 나라의 지도자들이 된다면, 그들과 함께 가는 우리 모두는 얼마나 행복할까요.

2014년 7월

김종대

목차

머리말 ⋯⋯⋯⋯⋯⋯⋯⋯⋯⋯⋯ 4

소강상태에 빠진 전쟁 ⋯⋯⋯⋯⋯⋯⋯ 9

한산섬 달 밝은 밤에 ⋯⋯⋯⋯⋯⋯⋯ 20

고난과 시련의 세월 ⋯⋯⋯⋯⋯⋯⋯ 43

어머니, 아아 어머니 ⋯⋯⋯⋯⋯⋯⋯ 63

다시 시작된 전쟁, 정유재란 ⋯⋯⋯⋯⋯ 70

신에게는 아직 12척의 배가 있습니다 ⋯⋯ 86

명량해전 ⋯⋯⋯⋯⋯⋯⋯⋯⋯⋯ 102

단 한 척도 돌려보낼 수 없다 ⋯⋯⋯⋯ 120

이순신, 영원한 수호신 성웅이 되다 ⋯⋯ 138

이순신 장군 인터뷰 ⋯⋯⋯⋯⋯⋯⋯ 149

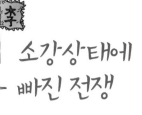

소강상태에 빠진 전쟁

1593년, 20만 명이라는 어마어마한 군사를 여섯으로 나눠 조선에 쳐들어왔던 왜군은 바다에서 이순신 함대에게 막혀 심각한 타격을 받아 그 수가 12만 명으로 줄어들어 있었다. 그 가운데 후퇴하지 않고 한양에 모여 앞일을 의논하고 있던 5만 명의 주력 부대는 부족한 식량과 줄어든 병력을 채우기 위해 일단 남부 지방으로 후퇴하기로 하고, 4월 18일에 한양을 떠났다. 후퇴했다고 전쟁을 포기하는 것은 아니었다. 남쪽에서 그들은 다른 왜군과 합세하여 더욱 확고한 진지를 세울 작정이었다.

그 계획에 따라 왜군은 그해 6월, 무려 10만 명을 동원하여 진주성을 공격했다. 이것은 제2차

제2차 진주성 전투
1592년 10월 제1차 진주성 전투에서 우리에게 완패한 왜군은 이를 만회하려고 호시탐탐 기회를 엿보고 있었다. 1593년 6월 왜군은 두 번째로 진주성을 공격했고, 제1차와는 정반대로 제2차 진주성 전투에서 우리 군은 대패했다.

진주성 전투로, 1년 전 진주성 전투에서 크게 패한 왜군의 복수이기도 했다. 결과는 너무도 끔찍한 조선의 패배였다. 이 잔혹한 패전의 아픔은 오랫동안 조선을 슬픔에 빠뜨렸다. 2년 뒤 이순신은 체찰사 이원익을 보러 진주 촉석루에 간 적이 있다. 그때 이순신은 장수와 백성들이 죽어간 곳을 바라보면서 비통함을 이기지 못했다.

이 전투 후에 약 4년 동안 왜군은 가급적 전투를 피하려고 했다. 명나라와 강화협상이 진행되고 있었기 때문이다. 그 대신 왜군은 경상도 해안에 12개의 성을 쌓는 등 앞으로 있을 전쟁 준비를 위해 전열을 가다듬고 있었다.

당시, 명나라의 사정

이 무렵 명나라 사정은 어땠을까?

왜군이 조선에 쳐들어온 지 겨우 20일 만에 한양이 함락되고, 선조는 부리나케 피난을 떠났다. 선조는 피난길에서 급히 이덕형을 명나라에 사신으로 보내 자신이 명나라로 피해 가면 받아

체찰사
전시 총사령관. 당시 조선은 문관이 체찰사를 맡았다. 수군 통제사도 체찰사의 지휘를 받았다.

이원익
임진왜란 때에 이조판서 우의정으로서 순찰사의 일을 겸했다. 전쟁을 극복하는 데 큰 활약을 했는데, 특히 1596년 후반기에 이순신에 대한 선조의 인식이 부정적일 때 그를 변호하는 데 최선을 다했다. 당시 이원익은 이순신의 인격을 알아주던 현명한 인물이었고, 저명한 재상이었다.

12개의 성
왜군은 성을 쌓기 위해 우리나라 백성을 강제로 동원했다. 굴삭기 같은 장비나 전문성 없이 오로지 맨몸으로 땀과 눈물을 흘리며 성을 쌓아야만 했던 백성들의 고생은 이만저만이 아니었다.

주든지 아니면 군사를 보내달라고 요청했다.

그 무렵 명나라는 몽골인 발배의 반란 때문에 정신이 없었다. 거기에다 임진왜란의 화가 자신들에게까지 번지는 것을 원치 않았다. 그래서 명은 구원병을 보내는 편이 유리하다고 판단했다. 조선을 방어막으로 삼아 전쟁의 피해가 명나라에까지 번지는 것을 막기 위해서였다.

1592년 7월 명나라는 선발로 요동부총병 조승훈이 이끄는 5,000명의 군사를 조선으로 보내 평양성을 공격하게 했지만 평양성을 되찾는 데 실패했다. 곧이어 10월 명나라는 이여송을 제독으로 임명해 5만 명의 대병력을 조선에 투입했다. 이여송은 다음 해 1월 9일 평양성을 공격해 되찾고, 개성마저 다시 찾았다. 이 싸움에서 진 왜군들은 물러가기 시작했다.

하지만 개성을 다시 찾은 지 이틀 후에 벽제관전투가 벌어졌다. 이 전투에서 조선과 명나라 연합군은 왜군에게 크게 지고 말았다. 이때부터 명나라 군대의 태도는 소극적으로 변했다. 남의 땅에서 치르는 전투에 억지로 참여한 그들에게서 적극적인 싸움을 기대하기란 처음부터 어려웠다. 명군은 벽제관전투에 진 것을 조선 탓으로 돌리며 어떻게든 싸우지 않으려고 요리조리 꽁무니를 뺐다. 게다가 이 무렵 왜와 명나라가 강화협상을 시작했다. 명나라 군대로서는 전투를 회피하기에 좋은 구실이었다.

그 당시 조선의 형편

그렇다면 우리 조선의 형편은 어땠을까?

1593년 4월에 왜군이 한양을 떠나면서 조선은 전투를 치르지 않고 한양을 되찾았다. 그해 10월, 반년 가까이 의주에 머물던 선조는 폐허가 된 한양으로 1년 반 만에 되돌아와 월산대군의 옛집

(지금의 덕수궁)에 행궁을 차렸다. 이때 왜와 명나라는 강화협상을 벌이고 있었고, 강화협상에서 조선은 철저히 무시되었지만 선조는 시종일관 속수무책이었다. 그는 한 나라의 임금으로서 아무런 대책도 계획도 없었다.

신하들은 크게 두 갈래로 나뉘었다. 류성룡 등 동인은 방어론을 펼쳤고, 윤두수 등 서인은 공격론을 주장했다. 선조는 공격론을 지지했다. 그런데 이 공격론은 허무맹랑했다. 무얼 어떻게 하겠다는 계획은 아무것도 없었다. 그저 왜적을 쳐부수자는 말뿐이었다. 왜에 대한 분노, 그리고 명나라를 떠받드는 사대주의에서 나온 것일 뿐이었다.

방어론
선제공격, 적극적 공격보다는 산성을 의지해 장기전을 펴므로써 적의 기세를 꺾고 마침내는 적의 보급을 막아 스스로 물러나게 하는 전략

공격론
우리 전력보다는 대국 명나라의 힘에 의지해 적극적으로 공격하여 야만국 왜를 몰아내야 한다는 전략

사대주의
주체성 없이 그때그때 세력이 강한 나라나 사람을 받들어 섬기는 태도

선조를 비롯한 지도자들은 목숨을 걸고 나라를 지키겠다는 생각이 없었다. 남의 나라에 도망을 가서라도 제 목숨을 지키려 했고, 적당히 싸우다가 여의치 않으면 쉽게 달아났다. 그들은 궁궐과 도성을 쉽게 버렸다.

장수들 역시 성과 진지를 쉽게 버렸다. 그러고도 남들에게는 죽을 각오로 맞서 싸우라고 강요했고, 그러지 않는 이들은 나무랐다. 심지어 붙잡아다 벌을 주고 고문까지 했다. 자신들은 도망가

면서 남들에게는 싸우라고 목소리를 높이다니 지도자는커녕 백성이 될 자격조차 없는 자들이었다.

주인정신이란 것이 전혀 없는 자들이 지도자랍시고 나라의 운명을 손에 쥔 채 명나라가 하자는 대로 끌려다녔다. 심지어 명과 왜 간의 강화협상만을 기약 없이 쳐다보고 있었으니 조선의 앞날이 어찌 캄캄하지 않았겠는가.

각각 이런 사정으로 세 나라는 전쟁을 잠시 멈추었다. 임진왜란은 조선과 왜의 전쟁이었다. 그런데 왜와 명나라의 강화협상에 조선의 운명이 결정되는 웃지 못할 일이 벌어지고 있었다.

견내량 고수 전략

견내량은 한산도 동쪽에 있는 해협이다. 이순신은 '견내량을 굳게 지킴으로써 힘들이지 않고 적이 쳐들어오는 것을 기다렸다가 먼저 적의 선봉선을 부숴버린다면, 수백만 명의 적병일지라도 사기를 잃고 마음이 꺾여 도망가기 바쁠 것'이라고 생각했다. 한산도에 머무르는 4년 가까이 이순신은 견내량만을 굳게 지켰고, 이 '견내량 고수 전략'으로 왜의 수륙병진 전략을 완벽히 제압할 수 있었다.

삼도수군통제사가 된 이순신

전쟁이 잠잠해지자 한산도로 옮겨간 이순신은 이곳을 떠날 때까지 무려 3년 8개월 동안 한산도 동쪽에 자리 잡은 견내량을 사이에 두고 왜군과 맞섰다. 이순신은 견내량만 지키면 적을 막을 수 있다고 여겼다. 이것이 '견내량 고수 전략'이다. 이순신은 한산도로 옮겨갈 당시 벌써 이 전략을 세웠다. 그렇다면 이 견내량 고수 전략의 내용과 구체적인 실천 과정은 어땠을까?

왜의 육군은 1593년 6월 경상도에 있는 진주성을 무너뜨린 뒤 전라도 문턱까지 나아갔다. 한편 왜의 수군은 한산해전에서 이순신에게 크게 패했다. 하지만 도요토미 히데요시의 지원으로 전선을 800척이나 더 늘렸고, 어떻게든 서해 항로를 뚫으려고 죽을힘을 다했다.

왜의 전선들은 전라도 웅포 주변으로 모여들었다. 두말 할 것도 없이 이순신을 깨뜨리기 위해서였다. 이순신만 이기면 서해로 나아갈 수 있고, 서해로 나아가 원래 계획했던 수륙병진 작전을 펼치면 조선을 정복할 수 있다고 믿었다.

그들은 웅포 쪽 진해만의 넓은 곳으로 조선 수군을 유인한 뒤, 전후좌우에서 포위해 격파할 계획이었다. 그래서 6~7월에 걸쳐 견내량에 여러 번 유인선 몇 척을 보냈다. 그러나 이순신은 적의 속셈을 훤히 꿰뚫어보고 있었다. 마음 같아서는 바로 웅포의 적을 무찌르고, 내친김에 부산까지 나아가 적의 소굴을 말끔히 없애버리고 싶었다. 그러려면 수륙 협공이 꼭 필요했다. 하지만 육군이 받쳐주지 못했고, 배도 적의 8분의 1정도밖에 없었다. 무모한 공격은 피해야 했다.

이런 상황에서 가장 효과적인 전략이 견내량 고수였다. 길목인

수륙병진
수군과 육군이 바다와 육지에서 함께 진격하는 것이다. 처음에 일본은 육지에서 백전백승을 거두었다. 그러나 바다에서 이순신의 활약으로 왜의 공급선이 차단되고, 또한 바다를 장악하지 못했다. 이 때문에 왜의 조선 침략은 결국 좌절되었다.

견내량만 지키면 두려울 게 없었다. 수백만 명의 적이라 해도, 앞
장서서 쳐들어오는 선봉선만 부숴버리면 사기를 잃고 도망칠 게
뻔했다.

견내량 고수 전략은 대성공이었다. 왜는 끝내 수륙병진 작전
을 펼치지 못했기 때문이다. 왜의 육군도 더는 어쩔 수 없었다.
전라도 문턱까지 나아갔지만 결국 전라도 침략을 포기할 수밖에
없었다.

이순신 덕분에 조선은 곡창 지대인 전라도를 지켰다. 그리고 이는 조선에게 전쟁의 승리를 안겨주었다. 끝까지 견내량을 지켰던 이순신의 지혜는 놀랍기만 하다. 그런데도 선조는 견내량을 지키는 이순신을 이해하지 못하며 그를 불만스럽게 여겼다.

"이순신은 도무지 바다로 나가 적과 싸우려 들지 않는다."

그러나 이순신은 임금이 어찌 생각하든 괘념치 않았다. 오직 나라를 지키는 일만 생각했을 뿐이다. 전쟁이 잠잠해지긴 했지만 언제든 다시 일어날 게 빤했다. 이순신은 자나 깨나 이를 걱정했다. 그는 왜와 명나라의 강화협상이 반드시 깨지고, 다시 전쟁이 일어나리라 확신했다. 그래서 그의 한산도 생활에서 기본적인 목표는 한편으로는 견내량을 지키면서 궁극적으로는 전쟁의 재발에 대비해 철저히 준비해두는 것이었다.

한산도로 옮긴 지 한 달 후인 8월 15일, 조정은 삼도수군통제사라는 새 공직을 만들어 이순신을 제1대 통제사로 임명했다. 충청·전라·경상 세 도 수군을 다스리는 대장이 된 것이다. 이로써 지휘 체계가 서지 않았던 삼도수군은 이순신의 통제 아래 효율적으로 운용되게 되었다.

촉석루와 논개

촉석루는 진주 남강변 벼랑 위에 세워진 누각이다. 고려시대(1365년)에 진주성을 지키는 장수의 지휘소로 처음 세워졌는데 이후 전시에는 지휘본부로, 평상시에는 과거시험장으로 쓰였다.

제1차 진주성 전투에서 조선 승리의 주역은 의병이었다. 그 가운데 최경회는 전라도에서 의병장으로 싸우다가 진주성 전투가 벌어지자 의병을 이끌고 와 싸웠다. 덕분에 적으로부터 진주성을 지킬 수 있었다.

최경회는 경상우도 병마절도사로 임명되어 제2차 진주성 전투에도 참여했다. 그러나 28일 만에 진주성이 함락되고 수많은 생명이 목숨을 잃었다. 이때 최경회 역시 남강에 몸을 던져 목숨을 끊었다.

1593년 7월, 왜군 장수들은 제2차 진주성 전투의 승리를 자축하기 위해 촉석루에서 잔치를 벌였다. 그 자리에는 최경회의 후처도 있었다. 바로 논개였다. 그녀는 최경회의 원수를 갚기 위해 기생으로 위장해 참석한 것이다. 논개는 분단장을 곱게 하고 촉석루 아래 가파른 바위 꼭대기에 서 있었으니, 아래는 만 길 낭떠러지였다. 파도가 넘실거렸다. 진주성을 잔인하게 짓밟고 수많은 백성을 죽인 왜적에 분개했던 논개는 술에 취한 왜장 게야무라 로쿠스케를 끌어안고 낭떠러지 아래로 몸을 던졌다.

논개가 자신의 목숨을 바쳐 왜장을 죽인 후, 왜군의 사기는 땅에

떨어졌다. 7일간의 전투 동안 왜군 역시 큰 손실을 보아 힘이 많이 약해진 상태였다. 그와 반대로 진주성 함락 후 절망에 빠져 있던 백성들은 논개의 통쾌한 복수로 다시 한번 승리의 희망을 품으며 일어섰다. 더불어 조선군이 거점을 부산 쪽으로 옮겨감으로써 왜군은 진주에서 서둘러 떠났다. 논개는 왜적을 내몰 수 있다는 희망을 조선 사람 모두에게 심어준 셈이다.

한산섬 달
밝은 밤에

한산도에서 이순신은 고된 나날을 보냈다. 노를 저을 격군과 활을 쏠 사군을 모으고, 각 고을별로 새 전함을 만들고, 포와 진을 수시로 돌아보고, 왜적의 동정을 살폈다. 군율을 어기는 자도 엄격하게 다스렸다. 특히 명령을 어기거나 거짓으로 보고를 올리는 자는 용서하지 않았다. 백성을 괴롭히는 관리도 용납하지 않았다.

이순신은 비록 엄했지만 그 누구보다 군사들을 살뜰히 챙겼다. 그는 군사들의 고통을 자기 것처럼 느꼈다. 군사들이 굶주리거나 병들면 몹시 가슴 아파했고, 죽으면 애석해하며 정성스레 장례를 치러주었다.

한산도에서 이순신은 적을 파악하는 일도 소홀히 하지 않았다. 이순신은 자신이 심어놓은 정보 요원뿐 아니라 포로로 잡은 왜군, 적에게 잡혀갔다 돌아온 백성들을 통해 끊임없이 정보를 수집했다. 이 정보들을 분석해 조정에 알렸고, 적을 손바닥 들여다보듯 훤히 꿰뚫고 있었다.

훈련원 봉사 제만춘이 적에게 잡혀갔다가 반년 만에 탈출한 적이 있는데, 그에게 상세히 물어 왜군의 상황을 파악해서 조정에 알린 일은 특히 유명하다.

이순신은 왜의 조총을 능가하는 성능을 가진 새로운 총기를 만들어 보급했다. 또 과거 시험을 봐서 장군이 될 사람을 뽑았다. 부하들과 더불어 활 쏘는 연습도 빠뜨리지 않았다.

이런 일들은 본래 조정의 지원 없이는 빈틈없이 해내기 어려운 일들이었다. 그런데 조정은 이순신을 지원하기는커녕 각종 진상품을 요구하기 일쑤였다. 심지어 애써 해놓은 일을 망쳐버리기까지 했다. 본래 전라좌도와 전라우도의 19개 고을은 수군에 속해 있었다. 그런데 어느 날 갑자기 조정은 그 가운데 9개 고을을 육군 소속으로 바꿔버렸다. 그러니 온갖 애를 써서 전선 몇 척을 만들어도, 그 배를 저을 사공조차 모으기 힘들게 되어 버렸다.

격군
격군은 전쟁에 참가하지만 적을 보지도 못하고 활이나 창을 들지도 않는다. 하지만 해전에서 노 젓는 격군이 없으면 거북선은 바다 위에서 움직일 수 없다. 거북선은 좌우 현에 노 8자루씩 모두 16자루에 80명의 격군이 매달려야 했다. 한 자루당 노장 1명과 노수 4명이 붙들고 있었고, 교대로 쉬면서 노를 젓기 위해서는 예비병으로 20명은 더 필요했다. 이순신은 늘 격군이 부족해 그 수를 채울 수 있는 방법 찾기에 골몰했다.

진상품
지방에서 거두어 임금에 바치는 갖가지 물품

21

혼자 준비하는 전쟁

이처럼 상황이 어려웠지만 이순신은 좌절하지 않았다. 모든 문제를 스스로 해결해나갔다. 그 자체가 또 하나의 전쟁이었다. 삼도수군통제사라는 자리는 외롭고 고단했다. 책임감은 무겁고 해야 할 일은 많았지만, 모든 것을 알아서 해야 했다.

휴전 중이어도 왜적이 나타나면 직접 무찔러야 할 때도 있었다. 몸이 아파도 마찬가지였다. 한순간도 방심할 수 없었다. 이런 가운데 이순신은 전쟁 중에 일어난 일들을 일기로 기록했다. 일기 쓰기는 그에게 유일한 낙이었다. 외롭고 지칠 때 스스로에게 기운을 주고 용기를 북돋아주는 일이었다.

전대
군복에 매던 띠

전고
전쟁할 때 치던 북

류성룡은 언제 어디서건 항상 긴장을 풀지 않았던 이순신에 감탄하며 '이순신은 한산도에 있을 때도 전대를 몸에서 푼 일이 없었다.'라고 《징비록》에 적어 놓았다. 특히 한산섬 달 밝은 밤의 이순신의 모습을 묘사한 부분은 이순신의 명석함을 잘 나타낸다.

여러 척의 배는 이미 닻을 내렸고, 밤에 달빛이 매우 밝았다. 통제사는 갑옷을 입은 채로 전고를 베고 누웠다가 갑자기 일어났다.

그러고는 장수들을 모두 불러 말했다.

"오늘밤 달이 매우 밝다. 적은 간사한 꾀가 많아 달이 없을 때도 우리를 습격하지만 달이 밝을 때도 습격해올 테니 경비를 엄중히 해야 할 것이다."

그러고는 나팔을 불어 배들이 일제히 닻을 올리게 했다. 척후선에도 전령을 내렸다. 척후 임무를 맡은 군사가 잠든 사람들을 깨워 적의 기습에 대비하라고 했다. 한참 뒤에 척후가 달려와 적병이 온다고 보고했다.

이때 달은 서쪽 산에 걸려 있고 산 그림자는 바닷속에 잠겨 있었다. 바다 반쪽에는 어슴푸레 그늘이 져 있고, 그 어두침침한 그늘 속에서 수많은 적의 배들이 우리 배 쪽으로 다가오려 했다. 중군에서 대포를 쏘며 함성을 지르니 다른 배들도 다 함께 응했다. 우리가 대비하고 있음을 알고 당황한 적은 일제히 조총을 쏘았다. 그 소리가 바다에 진동하고 총탄이 빗발처럼 물속으로 떨어졌다. 적병이 감히 우리를 침범하지 못하고 달아나버리니, 여러 장수가 모두 순신을 신으로 여겼다.

이순신이 한산도에 진을 치기 시작한 그해 여름에는 전염병이

척후
전투 지역에서 적에 관한 첩보를 수집하기 위해 정찰하도록 임명된 병사 또는 소규모의 부대. 척후는 적군과의 거리 200리까지 가서 보고 들어야 하고, 또 전투가 나기 닷새 전에 이미 적의 동정을 다 알고 있어야 한다. 군대의 눈과 귀가 되는 만큼 전쟁의 승패는 많은 부분 이들에게 달려 있었다.

크게 돌았다. 군량이 모자라 굶주림도 심했다. 날마다 죽어나가는 사람이 끊이지 않았다. 유난히 부하들을 사랑하는 이순신은 가슴이 찢어지는 것 같았다. 그는 이 문제를 해결해달라고 조정에 호소했다.

군량
군량을 어떻게 확보하느냐의 군량전쟁이 임진왜란 7년의 모두라 해도 지나치지 않는다. 수십만 명의 병력을 유지하려면 군량을 지속적으로 조달할 수 있어야 한다.

홉
부피의 단위. 곡식, 가루, 액체 따위의 부피를 잴 때 쓴다. 한 홉은 한 되의 10분의 1로 약 180밀리리터에 해당한다.

제가 거느린 수군만 6,200명인데 모두 600명이나 사망했습니다. 더구나 건장해서 활도 잘 쏘고 배에도 익숙한 군인들이었습니다. 애석하기 짝이 없습니다. 남아 있는 군인들도 아침저녁 먹는 것이 2~3홉에 지나지 않습니다. 이렇게 배고프고 피곤한 몸으로야 무슨 힘으로 활시위를 잡아당기고 노를 저을 수 있겠습니까. 큰 적을 앞에 두고 형편이 이와 같으니 민망하기 짝이 없습니다.

하지만 조정은 이순신에게 아무 도움도 주지 못했다. 1595년 1월 20일의 일기에 그는 이렇게 썼다.

바람이 세게 불고 매우 춥다. 여러 배에서 옷 없는 사람들이 거북처럼 웅크리고 추위에 떠는 소리는 차마 듣지 못하겠다. 군량미조차 오지 않으니 더욱 민망스럽다.

결국 이 문제도 스스로 해결할 수밖에 없었다.

더는 군사들이 굶주리는 것을 볼 수 없었던 이순신은 늘 군사들을 배불리 먹일 수 있는 방법을 고민했다. 그래서 군사들로 하여금 농사를 짓고, 소금을 굽고, 질그릇을 만들고, 고기를 잡게 했다. 고기를 잡아 군량미로 바꾸는 일은 《난중일기》에도 자주 나온다. 부하들을 잘 먹이고 싶어하는 그의 마음은, 자식 입에 밥 들어가는 것만 봐도 배가 부른 부모의 마음과 다르지 않았다. 그래서 어려움 속에서도 한 번씩은 양껏 먹도록 해주었고, 떡을 해서 나눠주기도 했다.

《난중일기》

이순신이 임진왜란 7년 동안 전장에서 치른 많은 전투와 그 속에서 겪은 숱한 일과 사람들에 대해 솔직하게 적어 내려간 일기이다. 이 일기는 당시의 해전뿐 아니라 육전의 상황도 상세히 기술하였고, 대외교섭에 관한 기록도 남기고 있는 중요한 자료이다.

체찰사 이원익이 한산도를 둘러보러 온 적이 있었다. 시찰을 마치고 이원익이 돌아가려 하자 이순신이 말했다.

"대감이 여기까지 와서 위로해주지도 않고 그냥 돌아가시면 우리 군사들이 얼마나 섭섭하게 여기겠습니까."

이원익은 부끄러워 얼굴을 붉혔다.

"그 말이 옳긴 하나 내가 미처 준비를 못했으니 어쩌면 좋겠소?"

"제가 미리 준비해두었으니 명령만 내리시면 됩니다."

이순신의 말에 이원익은 크게 감탄하며 잔치를 베풀었다. 5,480명의 군사가 모두 배불리 음식을 먹었다. 어디서나 먹을 것이 부족하고 굶주림이 가장 큰 고통이던 시절이었다. 밥은 생명이고 사랑이었다. 이런 사랑을 느낀 부하들이 어찌 장수와 더불어 하나가 되지 않을 수 있을까.

용기는 사랑에서 나오고

1594년 봄, 진해와 고성 등에 왜적이 출몰했다. 부산과 안골포, 웅포 등에 전투 기지를 만들더니 떼를 지어 나타나 온갖 만행을 저질렀다. 왜적은 가정집에 불을 지르고, 재물을 빼앗고, 사람들을 죽였다. 그동안 견내량만 굳게 지키고 있었지만 더는 두고 볼 수가 없었다.

드디어 이순신은 왜적을 쳐부수러 나섰다. 한산도를 출발한 이튿날, 특별공격대가 당항포에서 적선 21척을 불태웠다. 이순신이 삼도수군통제사가 되어 처음으로 이긴 전투였다. 이를 신호탄으로 주력 함대는 남해 곳곳에서 이틀 동안 적선 31척을 깨부수었다. 진해만 일대에서는 집중적인 함포사격으로 왜적에게 겁을 주기도 했다. 그들은 소스라치게 놀라 숨어 있던 막집을

당항포해전

이순신은 당항포에서 왜군과 맞서 싸운 두 차례의 해전을 모두 승리로 이끈다. 제1차 당항포해전은 임진왜란이 시작된 1592년 6월에 일어났다. 당포해전 때 패하고 도망친 왜군이 당항포에 있음을 알아낸 이순신은 원균과 이억기와 합세하여 왜선 26척을 격파하고 적군 50여 명의 목을 베어 승리한다. 제2차 당항포해전은 2년 후 1594년 3월에 일어난다. 왜선 31척이 당항포로 이동하고 있음을 알아차린 이순신은 조선 수군을 견내량과 증도 근해에 배치하여 왜선의 퇴로를 막는다. 조방장 어영담이 당항포 근해의 왜선 10척을 격파한 다음 전군이 포구에 정박한 나머지 21척을 불태워 모두 31척의 왜선을 없앤다.

스스로 불태우고 굴로 기어들어 숨었다. 감히 바다로 나오는 배는
1척도 없었다.

그런데 이순신의 함대가 거제도 앞바다에 있을 때, 느닷없이
왜선 1척이 나타났다. 명나라 군사를 태우고 다가온 그 배는 통지
문 하나를 전했다. 이순신이 받아 읽어보니 '왜적을 치지 마라'는
내용이었다. 왜적에게 인질로 잡힌 명나라 도사 담종인이 쓴 것이

었다. 이순신은 기가 차고 어이가 없었다. 그러나 아무리 분통이 터져도 전투를 중지할 수밖에 없었다.

그날부터 이순신은 몸에 열이 나고 아팠다. 저녁때가 되자 병세가 심해져서 꼼짝달싹도 할 수 없었다. 그래서 부하에게 담종인의 통지문에 대한 답장을 써오라고 했다. 그런데 그 글이 형편없었다. 이순신은 아픈 몸을 억지로 일으켜 앉았다. 그리고 붓을 들었다.

보내신 글에 '일본 장수들이 모두 자기 나라로 돌아가려 하니 너희도 각자 제 고장으로 돌아가라. 일본 진영 가까이 가는 말썽을 일으키기 마라'고 했습니다. 그러나 왜인들이 진을 치고 있는 거제, 웅천이 모두 우리 땅입니다. 그런데 일본 진영에 가까이 가지 말라고 하니 그게 무슨 말입니까. 또 우리더러 제 고장으로 돌아가라고 하니 제 고장이란 도대체 어디인지 알 수 없습니다. 말썽을 일으킨 자는 우리가 아니라 왜적입니다.

임금조차 명나라 장수가 한양에 오면 찾아가서 굽실거리던 때였다. 일개 장수가 명나라 도사에게 이런 편지를 보낸다는 것은 상상조차 하기 힘든 일이었다. 이순신이 아니고선 이처럼 당당하고 용기 있게 말할 사람이 아무도 없었다. 이순신도 이를 잘 알았을 것이다. 그랬기에 더욱 사명감을 가지고 명나라 대신을 꾸짖었는지 모른다.

이순신의 이러한 용기는 나라를 사랑하는 마음에서 나왔다. 그리고 모든 사랑은 자신을 사랑하는 데에서 비롯되었다. 이순신은 자존심이 강하고 자신을 사랑했다. 나아가 부모, 아내, 자식들과 친척들을 사랑하고 부하들을 사랑했다. 그는 정이 많고 자애로운 사람이었다. 그의 사랑은 사회와 나라로 이어져 백성을 사랑하고 국토를 사랑하는 데까지 이르렀다.

그런 만큼 이순신은 왜적을 용납할 수 없었다.

'조선 땅에서 조선 백성들이 평온하게 살아갈 권리를 저들이 무슨 이유로 빼앗는단 말인가? 지금 왜적이 점령한 진영이 조선 땅인데, 가까이 가지 말라 하니 이게 무슨 말인가?'

하지만 담종인에게 항의하는 일은 매우 위험했다. 임금조차 어려워하는 명나라의 대신 아니던가. 이순신이 자신만 생각하는 사람이었다면 굳이 글로써 따질 것까지는 없었을지 모른다. 그 글 때문에 자신에게 해가 미쳤으면 미쳤지, 득이 될 리 없었기 때문이다.

하지만 이순신은 정의가 흔들릴 때 이를 바로잡기 위해 나설 줄 아는 사람이었다. 옳다고 믿으면 그대로 밀고 나가는 이 역시 이순신이었다.

하늘이 그런 이순신을 가상히 여긴 까닭일까. 다행히 이 일로 이순신은 어떠한 화도 입지 않았다. 우리 역사를 생각할 때에 참으로 다행한 일이다.

글과 활로 마음을 달래다

이순신의 열병은 18일 동안이나 이어졌다. 온몸이 불덩이 같았지만 이순신은 자리에 눕지 않았다. 자식과 부하들이 쉬면서 몸조리를 하라고 권하면 오히려 이렇게 꾸짖었다.

"장수로서 죽지 않았거늘 어찌 편히 누울 수 있단 말이냐!"

이때 말고도 이순신은 고열이 나거나 땀을 흘리거나 토사곽란으로 자주 고생을 했다. 하지만 몸이 아파서 훈련이나 싸움을 소홀히 한 적은 없었다. 참으로 강인한 정신력이었다.

토사곽란
위로는 토하고 아래로는 설사하면서 배가 뒤틀리듯 아픈 병

장수로서 누구보다 강직하고 엄격했던 그는 한편으로는 몹시 다정다감했다. 가족이나 부하들이 아프면 함께 아파했고, 비라도 내리면 그 정취에 흠뻑 빠지곤 했다. 《난중일기》에는 그런 이순신의 모습이 잘 나타나 있다.

1594년 1월 11일

흐리지만 비는 오지 않았다. 아침에 어머니를 뵈려고 배를 타고
바람을 따라 고음천에 도착했다. 조카 분이와 함께 갔다. 어머니는
아직 주무시고 계셨다. 큰 소리로 부르니 놀라 일어나셨다. 숨을 가

쁘게 쉬시는 걸로 보아 사실 날이 얼마 남지 않은 듯하다. 하염없이 눈물이 흘러내린다. 그러나 말씀에 착오가 없으셨다. 적을 토벌하는 일이 급하니 오래 머물 수가 없다.

1594년 3월 29일

탐후선이 들어왔는데 어머니께서 편안하시다고 했다. 조카 봉(형 요신의 아들)이 돌아갔다. 봉은 몹시 아파서 돌아간 것이다. 온밤을 걱정, 걱정으로 지새웠다.

1594년 5월 9일

비, 비, 종일 빈 정자에 혼자 앉아 있으니 온갖 생각이 가슴을 치밀어 마음이 어지럽다. 무슨 말로 형언하랴. 가슴이 막막하기가 취한 듯 꿈속인 듯, 멍청이가 된 것도 같고 미친 것 같기도 하다.

1594년 5월 10일

비가 계속 내린다. 새벽에 일어나 창문을 열고 멀리 보니 우리 배들이 바다에 많이 깔려 있다. 적이 쳐들어와도 능히 섬멸할 만하다. 비가 종일 걷히지 않는다. 바다로 나간 아들 회가 걱정된다.

1594년 6월 15일

밤에 소나기가 흡족하게 내렸다. 이 어찌 하늘이 우리 백성을 가엾이 여긴 증표가 아니겠는가. 아들의 편지가 왔는데 잘 돌아갔다고 한다. 아내의 편지에는 면(막내아들)이 더위를 먹어 심하게 앓았다고 한다. 괴롭고 답답하다.

일기에는 '다락에 기대어 홀로 시를 읊었다'거나 '혼자 배 위에 앉아 눈물지었다' 같은 말도 자주 나온다.

이순신은 늘 고독했다. 나라를 지켜야 한다는 책임감은 엄청났고, 도와줄 사람은 아무도 없었다. 이순신은 글을 쓰며 힘든 마음을 달랬다.

한산도의 밤
이순신의 감수성이 엿보이는 '한산도의 밤'은 계사년(1593년) 가을에 쓴 것으로 알려져 있다. 이 시에서 한산도 앞바다에서 가을의 찬 기운을 느끼며 나라를 위해 노심초사하는 이순신의 모습을 엿볼 수 있다.

한산도의 밤

한바다에 가을빛 저물었는데

찬바람에 놀란 기러기 높이 떴구나

가슴에 근심 가득 잠 못 드는 밤

기운 새벽달 활과 칼을 비추네

이순신은 본래 문관 집안에서 태어나 문과 공부를 했다. 무인의 길에 접어들어서도 계속 공부를 했다. 그래서일까. 이 시는 많은 영웅들이 쓴 시 가운데서도 뛰어난 작품으로 평가받는다.

이순신은 괴로울 때면 활도 쏘았다. 해가 져서 어두워도 혼자 활터로 달려가곤 했다. 50발을 쏘면 보통 40발 이상을 명중시켰다. 비 오듯 땀을 흘리며 온갖 괴로움을 화살에 싣고 멋지게 과녁을 맞혔다.

이순신과 원균, 하늘과 땅 차이

이순신은 아무리 외로워도 여자와 어울려 노는 일은 하지 않았다. 전라좌수사 시절, 한번은 남해 현감 기효근의 배가 이순신의 배 옆에 있었다. 기효근은 예쁜 여자를 배에 태우곤 혹시 남이 알까 쉬쉬하며 지냈다. 이순신은 이 사실을 일기에 적었다.

　국가가 위급한데 배에 여자를 싣기까지 하니 그 마음가짐을 이를 말이 없다. 그러나 그의 대장인 원 수사(원균) 역시 그러하니 어찌하랴.

원균은 틈만 나면 여자를 부르고 술판을 벌이는 사람이었다. 이런 원균과 달리 이순신은 여인들을 가까이 하지 않았다. 심지어 임진왜란 7년 동안 부인조차 한 번도 찾지 않았다. 사실 이순신과 원균은 한입에 올릴 수 없다. 오직 전략을 짜고 전술을 개발하는 데만 온 정성을 쏟은 이순신과 달리 원균은 눈앞의 적보다 여자 혹은 조정 대신들 간의 권력 다툼, 그리고 사사로운 이익에 더 신경을 쏟았다.

이순신은 그런 원균과 갈등을 겪었다. 거기에다 사사건건 말썽을 부리고 모함을 일삼는 원균 때문에 이순신은 큰 괴로움을 겪

었다.

임진왜란 초기, 원균은 적과 싸울 생각은 않고 스스로 군대를 없앴다. 그러고는 겨우 서너 척의 배만 가지고 이순신에게 합류했다. 그랬으면 전라좌수군을 도와 열심히 싸워야 하는데, 이미 죽은 왜군의 목을 잘라 조정에 보고하는 일에만 열심이었다. 심지어 전라수군이 세운 공까지 가로채려 했다.

1594년 3월에 삼도수군이 왜선 31척을 깨뜨렸을 때도 마찬가지였다. 원균은 오직 경상우수군이 그런 것처럼 조정에 보고했다. 정말이지 염치없는 짓이었다. 목숨을 걸고 함께 싸운 모든 장수와 군사들이 원균을 괘씸히 여겼다.

원균은 늘 제멋대로 굴었다.《난중일기》에는 원균의 온갖 비리가 며칠에 한 번 꼴로 나온다. 원균의 행동이 갈수록 이순신의 눈에 거슬렸던 모양이다. 그러나 이순신이 처음부터 원균을 경멸한 것은 아니었다. 1594년 1월 일기를 보면 알 수 있다.

경상우수사 원균이 군관을 보내 보고하기를, 경상좌도에 있는 왜적 300여 명의 목을 베었다고 한다. 참으로 기쁜 일이다.

하지만 원균은 갈수록 옳지 못한 행동을 했다. 이순신의 명령을 달가워하지 않았고, 시도 때도 없이 군기를 어지럽혔다. 원균은 이순신보다 나이도 많고, 벼슬도 먼저 얻었으며, 나라에 세운 공도 자신이 더 크다고 생각했다. 그런데도 이순신보다 벼슬이 낮으니 불만이 컸다. 그래서 매사에 이순신과 충돌했다.

원균은 부산의 왜적을 치러 가자고 수시로 이순신에게 대들 듯이 말했다. 그러나 부산 가는 길목인 웅포에도 왜적이 진을 치고 있었다. 이에 대한 방책이 필요했다. 그러나 원균은 대책도 없이 막무가내였다. 조정에까지 큰소리를 쳤다. 이순신은 싸움을 피하려고 하지만 자신은 잘할 수 있다면서 견내량 고수 전략을 펼치는 이순신을 비겁한 장수로 몰았다.

원균은 믿는 구석이 있었다. 수많은 관리들을 뇌물로 구워삶았던 것이다. 전쟁 통에도 수시로 뇌물이 오가던 때였다. 나라야 어찌 되든 제 살 궁리만 하는 자들이 넘쳐났다. 원균은 자기편으로 만든 사람들과 손을 잡고 얼마든지 이순신을 모함할 수 있었다.

원균과 이순신이 충돌한다는 얘기가 여러 번 조정으로 흘러들어갔다. 조정에서는 서로 사이좋게 지내라는 교서를 보냈다. 권율 장군은 두 장수를 초대해 술을 마시며 갈등을 풀어주려 했다. 그러나 이는 옳은 조치가 아니었다. 군대에서 지휘 체계는 생명과도 같다. 명령을 따르지 않는 원균의 잘못을 먼저 물어야 했다.

이런 상태로는 삼도수군을 제대로 이끌 수 없었다. 모두가 하나 되어 싸워도 힘겨운 전쟁이었다. 결국 이순신은 삼도수군통제사에서 물러나겠다는 뜻을 밝혔다. 그러나 조정은 받아들일 수 없었다. 그래서 원균을 충청병마사로 보내 두 사람을 떼어놓았다.

하지만 그 후로도 원균은 이순신을 계속 모함했다. 그리고 이는 결국 끔찍한 일로 이어졌다.

임진왜란이란?

　조선 선조 25년(1592년)부터 31년(1598년)까지 두 차례에 걸쳐 우리나라를 침입한 왜와의 싸움이다. 임진왜란은 1592년(선조25) 왜가 가도정명, 즉 명나라를 정벌하기 위해 길을 빌려달라는 구실을 내세우고 20만 대군을 이끌고 부산을 침공하면서 시작되었다. 해상에서의 이순신의 활약에도 불구하고 육상에서 이일, 신립 등이 계속 패배함으로써 단 며칠 만에 왜에게 수도였던 한양을 빼앗기고 급기야 우리나라 끝자락인 의주까지 선조는 피난을 가게 되었다. 명나라는 왜가 조선을 집어삼키고 자국의 영토인 요동지역을 침범할까 봐 걱정하게 되었고, 조선의 구원 요청도 있었던 터라 마침내 원병을 보낸다. 하지만 명나라는 초반에 왜군을 몇 번 무찌른 뒤로는 거의 승전보를 울리지 못했고 마침내 조선을 놔두고 왜와 강화협상을 진행한다. 그러나 강화협상은 결국 결렬되고 왜는 정유년에 조선을 재침략한다. 그러나 도요토미 히데요시가 죽은 후 왜군은 철수하게 되고 마침내 임진왜란은 7년 만에 막을 내린다.

고난과 시련의 세월

이순신은 다시 왜적이 쳐들어오기만 벼르며 전쟁에 철저히 대비했다. 전함을 90척이나 더 만들어 모두 180척으로 늘렸고, 총기를 개발하고 화약도 충분히 만들었다. 늘 훈련을 했으며 정신 무장에도 힘을 쏟았다.

그런데 한산도 생활이 막바지에 이를 무렵, 이순신은 두 가지 음모에 휘말리게 되었다. 그 배후에는 원균과 왜적이 있었다.

"이순신은 싸울 생각이 없는 사람입니다. 눈앞에 왜적을 뻔히 보고도 구경만 합니다. 이런 자가 어찌 삼도수군을 제대로 이끌 수 있겠습니까? 이순신은 겁을 집어먹은 게 틀림없습니다."

원균은 이순신 대신 삼도수군통제사가 되기 위해 온갖 수단과 방법을 가리지 않고 다 썼다. 그를 비롯한 내부 모함 세력은 이순신을 끊임없이 비방했다. 자기 군사들에게 먹여야 할 군량미를 몰래 빼내 관리들에게 바치며 그들을 매수하기까지 했다.

"이순신은 올바르고 점잖은 체하지만, 실은 음흉하고 잔꾀가 많은 사람입니다. 죽은 왜군들의 목을 베어내는 건 당연한데도 이를 하지 못하게 방해하는가 하면, 제가 세운 공까지 여러 번 가로챘습니다."

이순신은 이를 알면서도 원균의 음흉함을 말하지 않았다. 그런 모함을 참고 견딘 그 심정이 어땠을까.

1597년 5월 20일

　체찰사 이원익은 개탄하며 밤이 되도록 이야기했다. 음흉한 사람(원균)의 모함이 극에 이르렀으나 왕이 이를 살피지 못하니 나랏일을 어찌할꼬.

　선조는 원균을 두둔했다. 이원익, 류성룡 등 눈 밝은 신하들이 이순신을 변호했지만 소용 없었다. 선조는 나라를 다스릴 능력이 없는 사람이었다. 그는 우리나라 위에 명나라가 있고, 명나라가 있는 한 조선이 왜의 소유가 될 리 없다고 믿었다. 한 나라의 임금이라고 할 수 없었다.

선조
선조는 나라를 먼저 생각하기 보다는 자신의 왕위를 지키는 데 더 급급했다. 그리고 선조는 왕권을 조선 백성과 조선군이 아니라, 명나라와 명군만이 지켜준다고 생각했다. 이러한 숭명사상은 후대에까지 이어져 조선을 본격적으로 쇠망의 길로 들어서게 한다.

　게다가 신하들을 아무도 믿지 않았고, 변덕이 심했다. 한 번 믿고 쓴 사람도 헌신짝처럼 버리기 일쑤였다. 오늘 정승을 시켰다가 내일 귀양을 보내고, 모레 다시 등용했다가 이내 죽여버리는 짓을 예사로 저질렀다. 류성룡, 정철, 이산해에게 그랬고, 부원수 신각, 의병장 김덕령, 우의정 정언신이 그렇게 죽어갔다. 그는 신하를 사랑하지 않았다. 쉽게 의심하고 쉽게 죽였다.

음모에 휘말리다

원균에 이은 두 번째 음모는 왜적의 이순신 제거 작전이었다.

왜와 명나라의 강화협상이 깨지자 도요토미는 또다시 조선을 침략하기로 했다. 그러려면 이순신을 먼저 없애야 했다.

고니시는 세상물정 어두운 조선 조정을 뒤흔들기로 했다. 가나메 도키스라를 이용하면 될 터였다. 가나메는 고니시가 조선에 심어놓은 첩자였다. 통역관이기도 한 가나메는 조선에 와서 어리석은 경상우병사 김경서를 이용해 조선에 많은 정보를 제공했다. 그 공로로 조선 조정으로부터 절충장군(정3품)의 품계를 받았다. 김경서나 조선 조정은 그를 마치 조선의 간첩인 양 활용했으나 실은 왜의 첩자였다.

하루는 가나메가 김경서를 찾아와 말했다.

"이번에 강화협상이 깨진 건 가토 때문입니다. 이에 화가 난 고니시는 가토를 죽이고 싶어 합니다. 곧 가토가 일본에서 바다를 건너올 텐데, 그때 이순신을 시켜 가토를 치도록 하면 좋을 겁니다. 조선은 적을 무찔러서 좋고, 고니시는 눈엣가시 같은 가토가 사라지니 마음이 통쾌할 겁니다. 이순신이 가토 하나 처치하는 건 손바닥 뒤집기보다 쉬운 일 아닙니까? 부디 이 기회를 놓치지 마십시오."

간계
간사한 꾀

김경서는 이 말을 즉시 조정에 보고했다. 대신들은 '천금 같은 기회를 놓쳐서는 안 된다'며 호들갑을 떨었다. 임금도 고개를 끄덕였다.

1597년 1월 21일, 도원수 권율이 한산도까지 달려왔다. 출정 명령을 내리기 위해서였다. 그러나 이순신은 응하지 않았다.

"분명 간계가 있을 것이오. 우리가 배를 많이 끌고 나가면 적이 모를 리 없소. 그렇다고 적게 끌고 나갔다가는 역습을 당할 게 빤하오. 가나메의 말을 그대로 믿고 따를 수는 없소."

조정은 재촉했지만, 이순신은 여러 날 동안 출정하지 않았다. 처음으로 왕명을 거역한 것이었다. '물길 따라 적을 쳐라.' '경상도로 나가 원균과 함께 왜적을 무찌르라.' 이순신은 그동안 이런 왕명을 여러 차례 받았다. 그때마다 주저하지 않고 따랐다. 언제나 목숨을 걸고 온 힘을 다해 싸웠고, 10여 차례의 기적 같은 승리를 거두었다.

하지만 이번만은 달랐다. 조정이 결정한 일이었고, 임금이 내린 명령이었다. 거기에다 도원수가 직접 와서 그 명령을 전달했다. 거역하면 죽음밖에 없으리란 걸 이순신은 너무나 잘 알고 있었다. 하지만 출정 명령을 따를 수 없었다.

우선 가나메가 준 정보를 신뢰할 수 없었다. 우리 힘으로 수집한 게 아니라 적이 제공한 정보였다. 아무리 조선말을 하고 조선 옷을 입고 다녀도 가나메는 왜인이었다. 그가 왜 자기 나라를 배신하고 조선을 위해 첩자 노릇을 하는지 이유가 뚜렷하지 않았다.

이순신은 이러지도 저러지도 못하는 궁지에 빠졌다. 무턱대고 왕명을 따르자니 패전할 게 뻔했다. 적은 조선 수군을 한바다로 꾀어낸 다음, 수많은 병력으로 포위해 공격할 터였다. 그러면 아무리 이순신이더라도 질 수밖에 없었다. 그렇게 바다가 뚫리면 조선은 결국 왜의 손에 넘어가고 만다. 수많은 장병은 물고기 밥 신세가 될 것이었다. 조선의 운명과 백성들의 앞날은 또 어떻게 된단 말인가!

그렇다고 왕명을 거역하고 전투를 피한다면 군사는 살릴 수 있어도 자신은 살기 어려울 듯했다. 조선을 위기로 몰고 갈 것인가, 혼자 사형을 당하고 말 것인가. 이순신은 고민했다. 그러나 답은 이미 나와 있었다. 이순신은 부하들을 죽음으로 내몰 사람이 아니었다. 설령 왕명을 거역한 죄로 자신이 죽는 한이 있더라도 말이다.

이순신에게 출정 명령이 도달하기 전날, 가토는 이미 조선에 건너와 장문포에서 상황을 엿보고 있었다. 하지만 가나메는 이 사실을 숨기고 기다리다가 여러 날 뒤 김경서를 찾아갔다.

"가토가 조선에 벌써 상륙했습니다. 이순신은 왜 내 말을 따르지 않았는지 모르겠소. 천 년에 한 번 올까 말까 한 좋은 기회를 놓쳤으니 그런 줄이나 아십시오."

김경서는 이 말을 조정에 전하며 이순신을 비난했다. 더 한심한 인물은 선조였다. 그는 의심스러운 정보를 준 왜인은 철썩같이 믿으면서 그 정보를 의심한 자신의 장수는 미워했다.

"우리나라 장수는 고니시보다도 훨씬 못하구나!"

신하들 앞에서 이런 망언도 서슴지 않았다.

이제 이순신을 잡아들일 죄목을 정할 차례였다.

'조정을 속이고 적을 치지 않았다.'

바로 이순신의 죄목이었다.

선조는 다음과 같이 명령했다.

"이순신은 조정을 속였으니 임금을 업신여긴 죄, 적을 잡지 않았으니 나라를 저버린 죄, 또 남의 공로를 빼앗고 남을 죄에 빠뜨렸으니 방자하고 거리낌이 없는 죄를 지었다. 이렇게 많은 죄가 있으므로 마땅히 사형에 처할 것이다. 임금을 속인 자는 반드시 사형에 처해야 한다. 이제 그를 고문해 사실을 알고자 하니 어떻게 처리해야 좋을지 대신들에게 물어보라."

원균과 왜적의 이순신 제거 음모가 성공함으로써 조선의 운명은 다시 한 번 엄청난 비극을 겪어야 했다.

죄인이 되어 한양으로

선조가 보낸 의금부 도사가 이순신을 체포하러 한산도에 이르렀다. 새로 삼도수군통제사가 된 원균도 따라왔다. 오는 길에 원균은 한 친척을 만났다. 그가 축하 인사를 건네자 원균이 대답했다.

"나는 통제사가 된 것을 영광으로 생각하지 않소. 오직 순신에게 설욕한 일을 상쾌하게 여길 뿐이오."

이것이 원균의 솔직한 마음이었다. 그는 이순신에게 심한 열등감을 갖고 있었다. 어떻게든 이순신을 궁지에 빠뜨려 자신의 열등감을 해소하려 했다.

이순신은 그 시간에도 왜의 부산 진영을 공격하느라 찬바람을 무릅쓰고 바다에 나가 있었다. 그는 왕명을 전달받고 그대로 뱃머리를 돌렸다.

한산도로 돌아오자 사방에서 울음소리가 들렸다. 군사와 백성들의 분통한 울음이었다. 그러나 이순신은 흔들리지 않았다. 후임자로 온 원균에게 정중하게 인수인계를 했다. 보관하고 있던 군량미 9,914섬과 화약 4,000근, 총통 300자루

의금부 도사
조선시대 임금의 특명에 따라 중한 죄인을 신문하던 의금부의 5~6품 관리

설욕
상대에게 되갚아 부끄러움을 씻는다는 뜻

울음소리
선조와 의병파 신하들의 눈엔 이순신을 에워싼 군사와 백성들도 한통속으로 보였고, 그들이 슬퍼하면 슬퍼할수록 이순신은 더 위험한 인물로 비쳐졌을 것이다.

섬
부피의 단위. 곡식, 가루, 액체 따위의 부피를 잴 때 쓴다. 한 섬은 한 말의 열 배로 약 180리터에 해당한다.

등의 목록도 건넸다. 인수인계가 끝난 뒤 이순신은 조용히 함거에

올랐다. 수많은 백성들이 함거를 에워쌌다.

　"사또, 우리를 버리고 어디로 가십니까?"

　"사또께서 우리를 버리시면 우리 앞날에는 죽음뿐입니다!"

　이어 온 섬에서 울음소리가 터져 나왔다. 그

소리가 하늘과 바다에 깊이 사무쳤다. 1597년 2

월 26일이었다.

함거
죄인을 실어 나르던 수레

한산도에서의 3년 8개월을 뒤로 한 채 이순신은 그렇게 죄인이
되어 떠나갔다.

이순신이 원균에게 모든 것을 넘겨주고 한양으로 끌려가면서
두 사람의 질긴 악연도 끝이 났다. 이후 두 사람은 더는 만나지 않
았다.

하옥, 그리고 두 번째 백의종군

3월 4일, 이순신은 한양에 도착해 의금부에 갇혔다. 그를 걱정
하는 많은 사람이 감옥으로 달려와 말했다.

"상감의 노여움이 극에 이르렀고, 조정 대신들도 그러하니 장
차 어떻게 될지 모르겠소."

이순신은 태연한 얼굴로 대답했다.

"죽고 사는 것은 하늘의 뜻입니다. 죽게 되면 죽는 것이지요."

이 소식에 가장 놀란 이는 진주에 머물던 체찰사 이원익이었
다. 그는 급히 상소문을 써 올렸다.

왜적이 가장 무서워하는 게 이순신의 수군입니다. 그를 가둬서
는 안 됩니다. 원균을 대신 보내서는 절대 안 됩니다.

하지만 선조는 들은 체도 하지 않았다. 뜻 있는 선비들은 이순신을 구하려 애썼다. 류성룡은 이순신을 추천한 사람이라 나설 수 없었다. 무슨 말을 했다가는 도리어 이순신에게 해가 될지 몰랐다. 병조판서 이덕형('오성과 한음'의 한음)은 이순신의 목숨만은 구해달라며 선조 앞에 빌고 또 빌었다. 함경도에서 과거를 보러 온 선비들도 이순신을 용서해달라고 했다. 이순신의 종사관 정경달은 죽음을 무릅쓰고 말했다.

종사관
조선시대 각 군영과 포도청에 두었던 종6품 벼슬. 장수나 대장을 보좌하는 역할을 했다.

사직
나라, 조정, 왕조를 뜻함.

어사
임금의 특명을 받아 지방 정치의 잘잘못과 백성의 사정을 비밀리에 살펴서 부정 관리를 징계하던 임시 관리

"상감께서 만일 이순신 장군을 죽이신다면 사직이 망할 것인데 어찌하오리까."

이때 조정은 이순신을 탄핵한 일파인 남이신을 어사로 뽑아 현지 조사를 해오도록 했다. 남이신이 전라도에 들어서자 군사와 백성들은 수없이 몰려나와 길을 막아섰다.

"우리 장군을 풀어주시오!"

"우리가 믿을 사람은 이순신 장군뿐인데, 잡으라는 왜적은 안 잡고 왜 이순신 장군을 잡아간단 말이오?"

하지만 남이신은 임금에게 이렇게 보고했다.

"가서 들으니 가토가 건너오다가 배가 돌섬에 걸려 7일이나 움직이지 못했답니다. 그런데도 이순신이 잡지 못했으니 기막힐 따

름입니다."

이처럼 말을 꾸며 모함을 하니 이순신을 향한 선조의 분노는 걷잡을 수 없이 커졌다.

훗날 한 동료가 남이신에게 물었다.

"이보게, 자네는 왜선이 7일이나 돌섬에 걸려 있었다는 소문을 어디서 들었나? 그때 나도 마침 전라도를 순시하고 있었는데, 그런 소리는 못 들었네."

남이신은 대답 없이 얼굴만 붉혔다.

간신배들의 모함으로 이순신은 죽음 앞에 내던져졌다. 한 차례 혹독한 고문이 지나갔다. 한 번 더 당한다면 살아남지 못할 끔찍한 고통이었다. 옥중의 이순신은 삶과 죽음의 갈림길에 놓여 있었다.

옥리
감옥에서 죄수들을 감시하는
일을 맡은 아전

이즈음 옥리가 이순신의 조카 분에게 은밀한 제안을 했다.

"뇌물을 쓰세요. 그러면 살아 나갈 수 있어요."

살 수 있다는 말에 분은 뛸 듯이 기뻤다. 당장 이순신에게 이 말을 전했다. 그러나 이순신은 타이르듯 조카에게 말했다.

"죽게 되면 죽는 것이지 어찌 도리를 어기며 살기를 바라겠느냐?"

이순신은 죽음을 두려워하지 않았다. 지독한 고문을 당하면서도 흔들리지 않았다. 이때 다른 수군 장수의 가족들은 이순신이 고

정탁

1592년 임진왜란이 일어났을 때 좌찬성(종1품)으로서 의주까지 선조를 호위했고, 1594년에는 곽재우, 김덕령 등의 명장을 천거해 전쟁 중에 공을 세우게 했다. 이듬해에는 우의정이 되었다. 1597년 정유재란이 일어나자 스스로 전쟁터에 나가려 했으나 선조는 연로함을 들어 만류했다.

문에 못 이긴 나머지 다른 장수에게 죄를 덮어씌울까 봐 두려워했다. 그러나 이는 이순신이 어떤 사람인지 모르는 사람들의 걱정일 뿐이었다.

이순신은 언제나 올바른 길을 걸었다. 무슨 일이든 한번 맡으면 최선을 다했다. 그 외에는 모든 결과를 하늘에 맡겼다. 심지어 살고 죽는 것조차 마찬가지였다. 아무리 억울해도, 삶이 너무 가혹해도, 그의 마음은 흔들리지 않았다.

왕이 진심을 몰라준들 어떠하며, 조정 대신들이 모두 등을 돌린들 어떠하랴. 누가 알아주지 않아도 꽃은 스스로 향기롭고 밤하늘의 보름달은 저 홀로 밝다. 나라를 구하는 일에 한마음 바쳤으면 그만이었다. 남들이 알아주건 말건 관심이 없었다. 그러니 살게 되면 살고 죽게 되면 죽는 것이다.

이렇듯 이순신은 담담했는데, 임금에게 절절한 상소를 써 올린 이가 있었다. 칠순이 넘은 노재상 정탁이었다.

이순신은 명장입니다. 죽여서는 아니 됩니다. 군사상 기밀의 이롭고 해로움은 조정 먼 곳에서는 헤아릴 수 없습니다. 이순신이 나가지 않는 것은 반드시 무슨 뜻이 있어서일 것입니다. 바라옵건대, 너그럽게 용서하시어 뒷날의 공을 이루도록 하시옵소서.

정탁의 글은 다행히 선조의 마음을 움직였다.

"풀어주는 대신 백의종군하라."

결국 이순신은 사형당하기 직전에 풀려났다. 옥에 갇힌 지 28일
만이었다.

이제 이순신은 통제사가 아니었다. 아무 직함 없는 병사였다. 한 달 전만 해도 충청, 전라, 경상 세 도의 수군을 이끌던 그였다. 신세가 처량했다.

이순신은 합천에 있는 권율 장군 휘하로 가라는 명을 받들어 생애 두 번째로 백의종군하게 된다. 합천으로 가는 길, 이순신은 아버지의 산소에 들렀다. 그는 울며 절한 뒤 한참 동안 일어나지 못했다.

오성과 한음

　　오성 이항복(1556~1618)과 한음 이덕형(1561~1613)은 조선 중기의 충신이다. 능력과 경력이 뛰어났던 두 사람은 막역한 친구였다. 이항복이 다섯 살 위였는데 10대 후반부터 그들은 나이를 잊고 사귀었다. 어려서부터 짓궂고 재치 있던 두 사람의 이야기가 지금까지 전해온다.

　　오성의 집 감나무 가지가 권율의 집으로 휘어들어 갔는데, 이 가지에 열린 감을 권율의 집에서 차지했다. 그러자 오성은 권율이 있는 방문에 주먹을 찔러 넣고 물었다.

　　"대감, 이 주먹이 누구 주먹입니까?"

　　권율이 "네 주먹이지 누구 주먹이겠느냐." 하자 오성은 자기 집 감을 가로챈 일을 항변했다.

　　하루는 오성이 한음에게 말했다.

　　"내가 변소에서 앉아 있는데 도깨비가 불알을 당기지 뭐야. 깜짝 놀라서 왜 그러냐니까 나한테 할 말이 있대. 내가 장차 정승까지 한다나. 너도 네 앞날을 알고 싶으면 변소에 가서 앉아 있어봐."

　　한음이 그 말대로 하니 오성은 노끈으로 한음의 불알을 매어 잡아당겼다. 그제서야 한음은 자신이 오성에게 속았음을 알았다.

　　오성 이항복은 아홉 살 때 아버지를 여의고, 소년 시절에는

부랑아들의 우두머리로 지냈다. 하지만 곧 학업에 열중해서 스물다섯 살에 문과에 급제했다. 그는 권율의 사위였고, 선조의 신임을 받았다. 1592년 임진왜란 때는 한음 이덕형과 함께 명나라에 구원병을 요청하자고 건의하기도 했다. 명나라에서 사신이 오면 접대를 책임지는 것도 이항복의 일이었다. 이조판서, 예문관 대제학, 우의정 등을 거쳐 영의정까지 올랐다.

한음 이덕형은 어려서부터 침착하고 재주가 남달랐다. 스무 살에 문과에 급제했고, 역시 선조의 신임을 받았다. 임진왜란 때 명나라 군대의 파병을 성사시켰다. 명나라 장군 이여송의 접빈관으로 활동했으며 여러 관직을 거쳐 우의정, 좌의정, 영의정을 모두 지냈다.

이항복과 이덕형 두 사람 모두 임진왜란 때에 정치적 역량을 발휘해 공을 세웠다. 특히 명나라와 우호 관계를 맺는 데 함께 기여했다. 둘은 관직 생활에서 거의 평생을 동고동락했다.

어머니,
아아 어머니

왜 슬프고 궂은일은 한꺼번에 닥치는 것일까. 옥에서 풀려난 지 겨우 열흘 째 되던 날, 어머니마저 세상을 떠났다. 어머니는 아들이 한양으로 끌려갔다는 소식을 들었다. 아들 이순신이야말로 만고의 충신임을 알고 있는 어머니이기에 자식의 무고함을 누구보다 잘 알았다.

"내 아들이 죄를 지었을 리 없다. 무슨 착오가 있었을 것이다."

어머니는 곧바로 여수 나루터로 달려갔다.

"내가 가야 한다. 순신에게는 내가 있어야 한다."

어머니는 한양으로 가기 위해 부랴부랴 배를 탔다. 여든셋의 쇠약한 몸으로 풍랑을 견뎌내기는 무리였지만 한시라도 빨리 아들에게 가고 싶었다. 스스로 최전선에 머물며 5년이 넘도록 한결

같은 마음으로 자식을 위해 기도해왔듯이 이번에도 아들 곁을 지키며 용기를 주고 싶었다.

임진왜란이 일어난 후 1593년 6월, 이순신은 가족을 전라좌수영 본영 근처인 여수 곰내로 피난시켰다. 얼마 뒤 가족들은 모두 아산 집으로 돌아갔다. 하지만 늙은 어머니만 여수에 홀로 남아 5년을 머물렀다.

어머니는 깊이 생각했을 것이다. 무엇이 아들을 위한 일인지, 어떻게 하는 게 나라를 지키는 막중한 책임을 맡은 자식을 도와주는 길인지를. 그리고 마음을 정했다. 자식 옆에 있으며 용기를 주자고. 결정을 내리면 주저 없이 행동으로 옮기는 점은 어머니와 아들이 똑같았다.

이제 여수는 아들을 지켜주기에 적합한 장소가 아니었다. 다시 아들 옆으로 거처를 옮기려고 이번에는 천릿길을 마다하지 않고 부랴부랴 배를 탔다. 한양에서 가까운 고향 아산으로 올라오는 도중 서해 바다에서 풍랑을 만난 어머니는 결국 배에서 숨을 거두고 말았다.

소식을 듣고 달려온 이순신은 어머니의 시신을 부둥켜안았다. 자신 때문에 돌아가신 것만 같아 이순신의 마음은 더욱 슬프고 애달팠다. 그는 몸부림을 치며 슬피 울었다.

어머니는 사랑을 가르쳐주고, 언제나 용기를 주던 분이었다. 어

머니 덕분에 그는 사랑 많은 사람이 되었고, 그 사랑은 나라에 대한 충성으로 이어졌다. 어머니가 있어 그는 숱한 역경에도 용기를 잃지 않았다. 어머니가 계셨기에 부끄럽지 않게 살 수 있었다.

《난중일기》에는 어머니의 이야기가 많이 나온다. 어머니를 찾아뵌 일, 어머니 소식에 반가웠던 일, 단 며칠이라도 소식이 막히면 걱정한 일, 맛있는 음식이 생기면 어머니에게 보낸 일, 어머니가 밥을 잘 못 드신다고 답답해한 일들이 자세히 적혀 있다. 어머니의 큰마음이 잘 드러나는 글도 있다.

1594년 1월 12일
아침을 먹은 후에 어머니께 하직 인사를 드렸다.
"잘 가거라. 부디 나라의 치욕을 크게 씻어야 한다."
어머니는 두 번, 세 번 연거푸 타이르실 뿐이었다. 헤어지는 한탄은 조금도 하지 않으셨다.

이런 어머니가 돌아가셨으니 이순신은 가슴이 찢어지는 듯했다.

충성을 다하려 했더니 죄가 이미 이르렀고
효성을 바치려 했건만 어버이마저 가버렸네.
이제 어서 죽기만 기다려야 할런가.

마을을 돌아보니 가슴은 찢어지고
비조차 내리는데 금오랑은 길 재촉하네.
천지에 나 같은 사람 또 어드메 있을꼬.

금오랑
조선 시대에 의금부에 속한 도
사를 이르던 말

　이순신은 주위의 도움을 받아 어머니의 장례를 치렀다. 비는
억수같이 쏟아지고, 이순신은 기운이 다 빠져 쓰러질 지경이었다.
하지만 금오랑은 어서 가자고 재촉했다. 이순신은 어머니 영전에
하직을 고하고는 엎드려 통곡한 뒤 다시 합천을 향해 먼 길을 떠
났다.

이순신의 어머니

이순신의 어머니는 초계 변씨로, 1515년에 태어났다. 혼인한 후 서른한 살에 셋째 아들 이순신을 낳았다. 임진왜란이 일어났을 때는 이미 일흔여덟의 고령이었다. 이순신은 임진년 난리가 나자 부하 정철의 집을 빌려 가족 모두를 여수 본영에서 가까운 곰내마을(현 여수시 웅천동)로 피난시켰다. 얼마 뒤 다른 가족들은 아산 집으로 돌아갔으나 어머니만 혼자 그곳에 남아 아들을 격려하고 용기를 주었다.

이뿐만 아니라 이순신의 어머니는 전쟁터에서 자신을 보러 온 아들에게 "가거라. 부디 나라의 치욕을 크게 씻어야 한다."고 말했다. 이는 보통의 어머니가 할 수 있는 말이 아니다. 적장인 도요토미 히데요시의 어머니는 "네가 직접 바다를 건너가는 일은 하지 말아라."라고 말했다. 큰 사람은 큰 생각을 품은 어머니가 키운다.

또 이순신의 어머니는 여수로 온 이후에 아들이 문안 오지 않는다고 섭섭해한 일이 한 번도 없었고, 혹시 아들이 직접 문안이라도 오면 나랏일이 더 급하다며 곧바로 되돌아가게 했다. 그뿐만 아니라 이순신이 정유년(1597년)에 누명을 쓰고 한양으로 끌려가자 자식의 뒤를 돌보려고 팔순이 넘는 고령에 죽음을 무릅쓰고 여수를 떠나 1,000리가 넘는 바람 찬 서해를 배를 타고 항해하지 않았던가.

이순신의 어머니는 당찬 여성이기도 했다. 충청도 아산 시골에 살다가 한양 사대부 집으로 시집을 갔지만, 시집 형편이 어려워지자 모든 식구를 이끌고 친정집 가까이로 이사를 결행했다. 아산으로 온 뒤에는 친정의 도움과 스스로의 노력으로 꽤 많은 재산을 모았다. 남편이 죽은 후에는 그때까지 일궈놓은 많은 재산과 하인들을 자식들에게 골고루 나눠주었다.

이순신이 어려울 때마다 내리는 간결한 결단력의 근원지가 바로 그 어머니였고, 그의 담대한 성정 또한 그 어머니로부터 연유되었다고 할 수 있다.

다시 시작된 전쟁, 정유재란

합천에 도착한 이순신은 권율에게 정식으로 신고를 했다. 삼도수군을 통제하던 장수가 한 사람의 군졸이 되어 왔으니 권율은 이순신을 극진히 위로했다. 원균에 대해서도 많은 이야기를 했다.

그러나 이순신의 마음만은 통제사 시절과 변함이 없었다. 언제나 나라를 걱정했다. 맡은 직책은 없었지만 예전 그 마음 그대로 최선을 다했다. 권율에게 군사 일에 대해 조언을 하기도 하고, 중요한 장수들에게 편지를 보내고, 왜적의 움직임과 조선군이 돌아가는 상황을 주의 깊게 살폈다. 둔전 일에도 특별한 관심을 기울였다.

이순신이 이렇게 지내는 동안, 한산도에 있던 원균은 어땠을까? 류성룡은 《징비록》에 이렇게 썼다.

원균은 통제사가 되어 한산도에 와서 이순신이 만들어놓은 여러 규정을 모두 바꾸었다. 이순신의 신임을 받던 사람들도 모두 쫓아버렸다. 군사들은 이런 원균을 원망하고 분개했다.

이순신은 한산도에 있을 때 운주당이라는 집을 지었다. 그는 그곳에서 지내며 장수들과 전쟁에 관한 일을 함께 의논했다. 아무리 지위가 낮은 군졸도 운주당에 찾아와 할 말을 하게 했다. 그래서 이순신은 군사들의 사정에 밝았다. 전투를 할 때는 장수들을 모두 불러 전략을 세운 후 나가 싸웠기 때문에 지는 일이 없었다.

그러나 원균은 운주당에서 자신이 사랑하는 첩과 함께 살며 울타리를 둘러쳤다. 그 바람에 장수들은 원균의 얼굴조차 보기 어려웠다. 또 날마다 술을 마시며 주정을 부리고, 걸핏하면 화를 냈다. 형벌도 제멋대로 내렸다. 군사들은 수군거렸다.

"만일 적을 만나면 우리는 달아날 수밖에 없다."

장수들도 원균을 비난하고 비웃으며 군사 일도 보고하지 않았다. 원균이 아무리 호령해도 부하들은 따르지 않았다.

군사들의 마음은 원균을 한참 떠나 있었다. 수많은 탈영병이 생겨났다. 돈을 받고 군역을

탈영병
원균의 방탕으로 군심이 이반되어 많은 탈영병이 생겨났음은 말할 나위도 없다. 게다가 뇌물을 받고 군역을 면제해주기도 했으니 판옥선에 탑승할 수군의 수가 줄어든 것은 뻔한 일이었다. 그토록 용맹하고 충직했던 조선 수군의 강직함은 불과 석 달도 되지 않아 사라져 버리고 말았다.

면제해주는 일도 수두룩했다. 거북선과 판옥선에 탈 병사가 절반으로 줄었다. 그토록 용감하고 충성스럽던 삼도수군의 모습은 온데간데없었다. 석 달도 채 되지 않아 생긴 일이었다.

본받을 점이라고는 어디 한 군데 없고, 나라를 어지럽게만 만드는 이가 원균이었다. 알면 알수록 이순신과는 정반대인 사람이었다.

세상은 사람이 만든다. 어지러워 살기 힘든 세상도, 어질고 평화로운 세상도 다 사람이 만드는 것이다. 포악한 임금과 원균 같은 신하가 살기 힘든 세상을 만든다. 이런 난세에 가장 고통받는 사람은 다름 아닌 백성이다.

깨어진 강화협상

계사년(1593년)의 제2차 진주성 전투 이후 왜의 주력 부대는 자기 나라로 돌아갔고 명나라 군대도 철수했다. 왜는 부산 등에 전진 기지만 둔 채 강화협상에 매달렸다. 그러나 4년 만인 1596년 9월, 왜와 명나라 사이의 강화협상은 결렬되었다.

강화협상을 할 때, 도요토미 히데요시는 명나라에 자신을 일본왕으로 임명하고, 한강 남쪽의 조선 4개 도를 넘겨달라고 했다.

그 밖에도 많은 것을 요구했지만 명나라는 왕으로 봉하는 것만 허락했다.

그러자 당시 강화협상의 주역이던 왜의 고니시와 명나라의 심유경은 서로의 친분을 이용해 일을 거짓으로 꾸몄다. 명나라 황제에게는 도요토미가 명나라에 항복했다고 말하고, 도요토미에게는 명나라가 요구를 모두 받아들였다고 속였다. 그런데 구차하게 강화협상을 성사시키려던 두 사람은 그만 도요토미에게 계획을 들켜버리고 말았다. 협상은 깨지고, 크게 분노한 도요토미는 다시 조선을 침략하라고 명령했다.

도요토미는 한강 남쪽의 4개 도를 왜의 땅으로 만들고자 했다. 그래서 자그마치 14만 1,500명이나 되는 대병력을 동원했다. 이순신이 통제사에서 물러난 직후 고니시의 군대는 거제도로, 가토의 군대는 서생포로 들어오기 시작했고, 그해 3월 중순부터는 왜의 주력 부대가 바다를 건너와 다시 조선 땅을 짓밟기 시작했다.

이 소식을 들은 명나라도 가만히 있을 수 없어 2만 명의 군사를 보냈다. 1597년 봄, 조선에 또 한 차례 전쟁이 일어난 것이다. 정유재란이었다.

정유재란
임진왜란 중 강화협상의 결렬로 1597년(선조 30년)에 일어난 두 번째 왜란. 정유년에 일어났다고 하여 '정유재란'이라고 한다.

또다시 전쟁이 벌어지다

첫 전쟁은 바다에서 벌어졌다. 왜군은 이번에도 첩자 가나메를 이용했다. 가나메는 권율에게 말했다.

"많은 군사가 지금 바다를 건너오고 있습니다. 그러니 어서 통제사를 내보내 싸우게 하십시오."

권율은 그 말을 믿고 원균에게 명령했다.

"모든 배를 총집결시켜 한편으로는 한산도 앞바다를 지키고, 또 한편으로는 바다로 나가 왜적이 들어오는 길목을 막으라."

아마도 조선 조정은 이순신이 아니더라도 조선 수군은 싸우기만 하면 이기는 줄 착각했나보다. 그러나 원균은 자신이 없었다. 싸움이 두려웠다. 그는 지금껏 독자적으로 출전해 큰 전투를 치러본 적이 없었다. 하지만 싸우러 나가지 않겠다고 할 수도 없었다. 원균은 이순신이 부산으로 나가 싸우지 않는다고 모함해 통제사가 되지 않았던가.

원균은 고민 끝에 장계를 올렸다.

웅포, 안골포에도 적이 숨어 있습니다. 그런데 그 적을 그대로 두고 부산으로 나간다면 협공을 당할 게 뻔합니다. 그러니 육군이 먼저 안골포의 왜적을 공격하게 해주십시오.

그토록 이순신을 비난했는데 자신도 똑같은 처지에 놓인 것이다. 비로소 이순신이 왜 그랬는지 이해가 되었다. 그러나 원균의 말을 들어줄 사람은 아무도 없었다. 원균은 일찍이 충청병마사를 거쳐 전라병마사로 있을 때도 늘 똑같이 말했다.

"우리나라를 지키는 것은 오직 수군뿐입니다. 수군은 바다에서 싸워 적이 상륙하지 못하게 해야 합니다. 그런데 이순신은 싸우지 않고 있습니다. 하지만 나는 바다를 지키는 데 익숙해서 잘 싸울 수 있습니다."

그랬던 그가 정작 통제사가 되어서는 싸우기를 꺼려하고 있었다. 원균이 꾸물대며 출정하지 않자 체찰사 이원익은 한산도로 종사관을 보냈다. 결국 원균은 종사관에 이끌려 배 90여 척과 함께 바다로 나갔다. 종사관도 원균과 한 배를 탔다.

이들은 먼저 안골포에서 싸운 후 곧장 가덕도로 갔다. 그런데 강력한 적군에 가로막혀 부산으로는 나가지도 못하고 거제 칠천도로 피해 돌아왔다. 원균은 단 1명의 왜군도 잡지 못했다. 오히려 적이 쏜 총탄에 부하만 여러 명 잃었다.

합천에서 이 소식을 들은 이순신은 안타깝고 한스러웠다. 권율도 분노를 참을 수 없었다. 이순신이 왜적을 잡으러 나가지 않는다고 그토록 비난하더니 정작 그 자신은 우리 군사만 잃고 돌아왔기 때문이다.

권율은 한산도 근처로 나가 급히 원균을 불렀다. 권율은 호통을 치며 원균을 크게 꾸짖었다.

"국가가 높은 벼슬을 준 것이 한갓 부귀나 누리라는 뜻이더냐? 네 죄는 용서할 수가 없구나!"

권율은 경험이 많은 장수였다. 원균이 왜 패했는지 모를 리가 없

종사관
훈련도감에는 6명, 어영청에는 문무 각 1명, 포도청에는 3명, 총리영에는 1명, 관리영에는 1명의 종사관이 있었다. 종사관은 각 기구에서 일어난 일을 기록·전달했다. 포도청 종사관의 경우 죄인이 진술한 내용의 진실 여부를 확인하기 위해 직접 현장에 내려갔다. 이들에게는 업무에 필요한 말이 지급되었다.

가덕도해전
정유재란 때에 가덕도 근해에서 원균이 왜의 수군과 벌인 전투. 통제사 원균이 왜군의 해로를 끊기 위하여 배 90여 척을 이끌고 가덕도에 이르렀다가 적장 시마즈 요사히로에게 기습을 받고 패하였다.

었다. 본래 좋은 소문은 더디게 나도 나쁜 소문은 재빨리 퍼지는 법이다. 원균이 배에 여자를 태우고 술판을 벌인다는 소문을 권율도 들어 알고 있었다. 권율은 매라도 칠 기세로 노발대발했다.

예상된 패배

권율의 나무람에 모멸감을 느낀 원균은 분을 못 참아 술만 마셔댔다. 그러다가 7월 5일 삼도수군을 이끌고 다시 부산 바다로 나갔다. 한 나라 수군의 최고 지휘관이라는 사람이 홧김에 전 함대를 이끌고 억지로 싸움터에 나가다니 가당치도 않은 행동이었다. 거기다가 술김에 싸움에 나서다 보니 병법의 기본도 놓쳐 그는 환한 대낮에 출정하는 잘못까지 저질렀다. 조선 함대가 출정한 것을 곧바로 알아챈 왜적은 사전에 전투 준비를 마쳤고, 원균의 함대를 무찌를 전략을 세웠다.

원균이 이끄는 조선 수군은 6일 옥포를 거쳐 7일 다대포에 이르러 왜선 8척을 불태웠다. 다대포를 지나 절영도에 이르자 풍랑이 일고 날이 저물었다. 바라보니 왜선들이 바다 한가운데 나타났다가 사라지기를 되풀이했다. 도무지 갈피를 잡을 수 없었다. 배를 댈 마땅한 장소조차 찾지 못했다. 어쩔 수 없이 앞으로 나아갈

수밖에 없었다.

군사들은 한산도에서부터 종일 노를 저어 오느라 쉬지도 못했다. 게다가 배고픔과 목마름이 극심해 더는 배를 움직이기 힘들 정도였다. 사태가 이 지경이 된 것은 부쩍 늘어난 탈영병 때문이었다. 원균이 통제사가 된 이후 수군 숫자는 반이나 줄었다. 판옥선 1척에 본래 164명이 탔는데, 이제는 90명밖에 없었다. 사람이 모자라니 격군들은 하루 종일 노를 저어야 했다. 결국 배의 속도가 크게 줄어 제대로 움직이지 못했다.

이튿날 왜선 수백 척이 새로 부산에 들어왔다. 시마즈가 지휘하는 왜의 수군들은 짐짓 달아나는 체하면서 싸우지 않았다. 그저 시간만 끌었다. 그렇게 밤이 깊어가고, 바람마저 세차게 불었다. 원균의 배들은 사방으로 흩어졌다. 그날 20여 척의 우리 배가 바다 위를 표류하다 사라졌다. 어처구니없는 일이었다.

원균은 남은 배를 가까스로 이끌고 가덕도에 이르렀다. 갈증이 심했던 군사들은 앞다투어 배에서 내려 벌컥벌컥 정신없이 물을 들이켰다. 멀리 숨어서 이 모습을 지켜보고 있던 왜적들은 일제히 고함을 지르며 달려 나왔다. 지칠 대로 지친 조선 수군들은 속수무책으로 당했다. 싸움이 벌어지자 순식간에 조선군 400여 명이 목숨을 잃었다. 눈 깜짝할 사이에 벌어진 비극이자, 이성 잃은 지휘관이 빚어낸 참극이었다.

원균은 어쩔 수 없이 남은 군사들을 이끌고 거제 칠천량으로 물러나야 했다. 원균은 극도로 사기가 떨어져 더는 싸울 엄두가 나지 않았다.

권율, 원균을 벌하다

승리의 소식을 기다리던 권율은 원균의 참패 소식에 다시 한 번 격분했다. 7월 11일, 권율은 원균을 불러들여 곤장을 쳤다.

"싸워라, 싸워! 싸워서 이기고 돌아오란 말이다! 알아들었는가?"

원균은 예순에 가까운 나이였다. 그런데 엉덩이를 까고 매까지 맞으니 더욱 분통이 터졌다. 그는 매일 술만 마셔댔다. 이 틈을 타서 왜적은 7월 15일, 기습 공격을 해왔다. 이때까지 원균은 아무 대책도 세워놓지 못했다. 배들도 외줄포에 그냥 내버려둔 채였다. 부산으로 가자니 이길 자신이 없고, 싸우지 않고 한산도로 돌아가려니 권율이 무서웠던 것이다. 전라우수사 이

원균

원균이 새로운 통제사에 임명되고 나서 조정에서는 수군을 이끌고 부산포로 나가 적의 해상로를 차단하라는 명령을 거듭해서 내렸다. 그러나 웅천 안골포의 왜군을 제압하지 않은 상태에서 부산포를 공격할 경우 자칫 앞뒤의 협공을 받을 염려가 있었다. 이를 잘 알고 있던 원균은 수륙합공으로 안골포와 가덕도의 왜적을 섬멸하고 난 연후에야 비로소 부산으로 출동해야 한다는 장계를 몇 차례에 걸쳐 조정에 보냈다. 하지만 권율로부터 명령에 따르지 않는다고 징벌을 받자 7월 15일 자포자기라도 한 듯 조선의 수군을 이끌고 부산포로 나아갔다.

억기와 경상우수사 배설이 정박지를 옮겨야 한다고 건의했지만
듣지 않았다.

결국 날씨마저 흐리던 7월 15일 밤 10시쯤, 왜선 대여섯 척이
갑자기 기습해와서 조선의 전선 4척에 불을 질렀다. 배는 전부 타
버렸다. 조선 수군은 허둥지둥 배를 움직여 가까스로 진을 쳤다.
자정이 지나고 16일 새벽, 왜선들이 수없이 몰려왔다. 그들은 우

리 배를 서너 겹으로 에워쌌고, 어느새 싸리섬 근처까지 새카맣게 깔렸다. 조선 수군은 도무지 싸울 엄두를 못 냈다. 배는 대부분 불타고 깨어졌다. 장수와 군졸들도 거의 다 불에 타 죽거나 물에 빠져 죽었다.

선전관 김식이 그날 일을 선조에게 다음과 같이 보고했다.

저는 통제사 원균과 순천부사 우치적과 함께 육지로 간신히 올라왔습니다. 원균은 늙어서 잘 걷지 못했고, 알몸뚱이로 칼만 차고서 소나무 아래 우두커니 앉아 있었습니다. 제가 달아나다 돌아보니 왜군 예닐곱 명이 칼을 휘두르며 벌써 원균이 있는 곳에 다다랐습니다. 원균이 살았는지 죽었는지는 자세히 모르겠습니다.

경상우수사 배설, 옥포와 안골포의 만호 등은 겨우 살았습니다. 그러나 우리 배들이 불타는 연기가 하늘을 덮었고, 무수한 왜군이 한산도를 향해 내려갔습니다.

칠천량해전
1597년 7월 14일에서 16일까지 원균이 지휘하는 조선 수군이 칠천량 앞바다에서 왜 수군과 벌인 해전이다. 임진왜란·정유재란 가운데 조선 수군이 유일하게 패배한 해전이기도 하다.

조선 수군의 치욕스런 대참패

조선 수군의 역사에 치욕으로 남을 대참패였다. 이 칠천량해전에서 원균은 제대로 싸워보지

이억기

경흥부사로 함경도에 가서 1581년 오랑캐 우을기내, 니응개를 막았고, 1586년 울마치를 베고 선정을 베풀었다. 뒤에 순천부사를 거쳐 전라우수사가 되었으며, 1592년에 이순신과 연합해 수많은 전쟁을 승리로 이끌었다. 이순신이 통제사가 된 후에는 그 휘하에서 가장 신임받는 장군으로 활약했다. 1597년 칠천량해전에서 전사했다.

도 못하고 소나무 밑에서 왜군의 칼에 찔려 생을 마쳤다. 원균뿐만 아니라 전라우수사 이억기, 충청수사 최호 등 뛰어난 장수들도 모조리 목숨을 잃고 말았다.

전라우수사 이억기는 이순신이 감옥에 갇혔을 때 편지를 보낸 적이 있었다. 그는 '수군은 머지않아 반드시 패할 것이고, 내가 어디서 죽을지 알 수 없습니다.'라며 이순신에게 하소연했다. 과연 칠천량해전에서 수군은 대패했다. 절망한 이억기는 '적의 칼에 죽을 수는 없다'며 바닷물에 스스로 몸을 던졌다.

이억기는 임진년의 당포해전, 한산해전, 부산해전에서 큰 공을 세운 명장이었다. 그러나 이는 모두 이순신의 지휘 아래에서 싸울 때의 일이었다. 지도자는 그만큼 중요한 존재다. 훌륭한 지도자는 사람들이 능력을 최대한 발휘하고, 맡은 임무에 최선을 다하도록 만든다. 반면 원균 같은 무능한 지도자는 능력을 발휘하게 만들기는커녕 책임도 저버리고 도망가게 만든다.

칠천량해전에서 살아남은 경상우수사 배설은 원균이 패할 것을 예상하고 있었다. 그래서 자신의 군사들과 비밀리에 퇴각할 것을 모의하고, 왜선이 공격해오자 약속대로 행동했다. 그들은 한산도로 돌아와 집과 곡식, 무기를 모조리 불태우고, 섬에 있는 백성들에게 피난하라고 명령한 다음 자신들도 10여 척의 배를 가지고 도망갔다.

이 10여 척은 훗날 명량해전에서 값지게 쓰였다. 하지만 4년간 한산도에서 공들여 일궈놓은 모든 것이 잿더미로 변했다. 이순신이 몇 년 동안 훈련시킨 군사들이 칠천량해전에서 수천 명이나 죽었다. 피땀 흘려 만든 거북선과 170여 척의 전함, 그리고 수년 동안 애써 조금씩 마련해온 전투 장비들까지 일시에 물거품이 되고 말았다.

삼도수군은 그렇게 하루아침에 무너졌다. 이순신이 없는 조선 바다에서 왜선은 거칠 것 없이 쭉쭉 뻗어 나갔다.

신에게는 아직
12척의 배가 있습니다

조선의 바다는 전함 1척 없이 비어 있었다. 길을 막는 조선 수군이 없으니 왜적은 의기양양하여 북쪽으로 계속 올라갔다. 경상도, 충청도는 물론 전에는 손도 못 댄 전라도까지 손에 넣으려고 왜군은 바삐 움직였다. 8월 7일에는 구례를 점령하고, 추석에는 남원성까지 함락했다. 8월 29일에는 전주와 익산을 점령한 뒤 충청도까지 나아갔다. 심지어 자신들의 실적을 보고하느라 가는 곳마다 죄 없는 조선 백성들의 코를 수천 개나 베어 본국으로 보내는 만행을 저질렀다. 그러나 이를 막아내야 할 조선 장수들은 제자리를 지키지 않고 멀리 달아나기에 바빴다. 임진년 4월과 하나도 다를 게 없었다.

왜적이 다시 쳐들어오고 원균이 패했다는 소식에 놀란 선조는 대신들을 불러 대책을 물었다. 그러나 원균의 잘못만 탓할 뿐 누구 하나 대책을 내놓는 이가 없었다. '이순신을 끌어내리고 원균을 통제사로 보내야 한다.' '원균이야말로 다시없는 명장이다.'라고 강력히 주장하던 사람들도 입을 다물기는 마찬가지였다.

"원균 한 사람에게만 잘못을 돌리지 마라. 이산해, 윤두수 등이 그렇게 만든 것이다."

선조는 화가 나서 소리쳤다.

"도원수가 싸우라고 원균을 독촉하는 바람에 이 지경에 이르렀다."

심지어 권율에게까지 책임을 돌렸다. 선조는 대신들을 나무랐으나 따지고 보면 가장 큰 책임을 져야 할 사람은 바로 자신이었다. 이순신을 버리고 원균을 선택한 것은 선조였다.

한산도에서 대패한 원균의 죄를 물어야 한다는 소리가 빗발치듯 쏟아졌다. 하지만 선조는 원균의 죄를 얼버무렸다. 원균을 탓하는 말들이 왠지 그를 통제사로 임명한 자신을 비난하는 소리로 들렸다. 그래서일까. 훗날 선조는 대신들의 반대를 무릅쓰고 선무일등공신에 원균을 포함시키기까지 했다. 이때 명나라 정응태는 선조

선무일등공신

임진왜란에 빛나는 전공을 세운 이순신은 사후 6년이 지난 1604년(선조 37년) 선무공신교서를 받는다. 이는 임진왜란에서 큰 공을 세운 18명의 장군에게 내린 공신 칭호로 1등은 이순신, 권율, 원균 등 3인이고, 2등은 신점, 권응수, 김시민, 이정암, 이억기 등 5인, 3등은 정기원, 권협, 유사원, 고언백, 이광악, 조경, 권준, 이순신(李純信), 기효근, 이운룡 등 10명이다.

이순신이 받은 교서에는 임진왜란 때 이순신이 해전에서 활약한 공적과 그에 따른 포상 내역이 자세히 기록되어 있다. 또한 교서는 77행에 걸쳐 상으로 본인과 부모, 처자를 3계급 승진시키고, 노비 13구와 토지 150결, 은자 10량, 표리 1단, 내구마 1필을 하사한다는 내용을 밝히고 있다.

를 크게 질타했다.

그러나 원망과 탄식만 하기에는 나라의 형세가 너무도 위급했다. 우리 민족을 구해줄 구세주가 필요했다. 김명원과 이항복이 임금에게 청했다.

"이순신을 다시 통제사로 삼아야 합니다. 오로지 그 길뿐입니다."

선조도 별 도리가 없었다.

권율, 이순신에게 해답을 묻다

이순신은 조선 수군의 소식을 차례로 전해 듣고 있었다. 7월 14일 원균이 부산으로 출정했다는 소식, 15일 1차 패전 소식, 16일 수군 400여 명이 죽임을 당한 소식, 18일에 조선 수군이 전멸했다는 소식을 모두 들었다.

무적의 조선 함대였다. 수년간 온갖 어려움을 이겨내며 키워온 수군이었다. 그런데 한순간에 허무하게 사라져버렸다. 이순신은 통곡했다.

7월 18일, 권율이 이순신의 숙소로 달려왔다.

"일이 이 지경에 이르렀으니 어찌하면 좋겠소?"

이순신은 침묵했다. 심경이 복잡했다. 모함으로 억울한 죄를 쓰고 통제사에서 쫓겨난 지 반년도 채 안 되어 조선 수군이 전멸했다.

'나라를 이렇게 만들어놓고 나더러 어쩌란 말인가. 죽을죄를 져서 사형에 처해야 한다더니 이제 와서……'

누구에겐지 모를 원망이 가슴을 답답하게 했다. 하지만 이런 생각도 잠시, 이순신은 조용히 입을 열었다.

"내가 가서 보고 온 뒤에 대책을 정하면 어떻겠습니까?"

대책이 없어 안타까워하던 권율은 기뻤다. 이순신이 아니면 이 난관을 뚫을 사람이 없음을 알기 때문이었다.

권율의 허락을 얻은 이순신은 지체 없이 떠났다. 나라를 이 지경으로 만든 이들을 더는 원망하지 않았다. 이미 돌이킬 수 없는 일이었다. 어떻게 다시 일어설 것인가만 생각해야 했다. 한시가 급했다. 머릿속에는 오직 나라와 백성을 지켜야 한다는 생각뿐이었다.

21일, 이순신은 노량 바닷가에 도착했다. 살아남은 사람들이 이순신을 보고 통곡했다. 이순신을 찾아온 군사와 백성 가운데 울부짖지 않는 사람이 없었다.

"원균이 먼저 뭍으로 달아나고 장수들도 따라 달아나 이 지경이 되었습니다."

병졸들도 분통을 터뜨렸다.

"대장의 잘못을 입으로 다 말할 수 없을 정도입니다."

이순신은 원균이 패전한 곳들을 두루 둘러보았다. 관리들과 대책도 논의했다. 그러던 중 임금이 내린 교서를 받았다.

그대는 일찍이 이름을 크게 떨쳤고, 임진년 대첩 뒤부터 백성과 군인들이 모두 그대를 굳게 믿었소. 그런데 죄인의 이름을 씌워 백의종군하게 만들었소. 지혜가 밝지 못해 생긴 일이오. 그래서 패전한 것이니 무슨 할 말이 있으리오. 아, 무슨 할 말이 있으리오.

솔직한 사과의 글이었다. 원균의 말만 믿고 이순신을 죽이려 했던 선조로서는 입이 열 개라도 할 말이 없었다.

다시 삼도수군통제사가 되다

이렇게 해서 이순신은 다시 삼도수군통제사가 되었다. 하지만 그에게는 아무것도 없었다. 한산도 통제영은 이미 적에게 넘어가서 불타 없어졌으니 어디로 가야 하고, 군사도 없고 전함

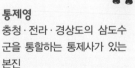

통제영
충청·전라·경상도의 삼도수군을 통합하는 통제사가 있는 본진

도 없으니 어떻게 싸운단 말인가. 이름뿐인 통제사였다. 임금은 교서 한 장만 달랑 내리고 아무 지원도 해주지 않았다.

다시 모든 것을 혼자 힘으로 해야 했다. 살아남은 군사를 모으고, 불에 탄 전함을 뒤져 쓸 만한 물건을 찾아내고, 화약과 대포를 전부 새로 만들어야 했다. 그러나 이순신은 이 모든 것을 불평불만 없이 받아들였다.

이순신은 바쁘게 대책을 세우기 시작했다. 도망간 군사를 불러 모으고, 부서지지 않은 배를 찾고, 새로운 진지를 세우기 위해 사방팔방 뛰어다녔다. 그러던 중 이순신은 옥과에 이르렀다. 피난하는 백성들이 길을 가득 메우고 있었다.

옥과
현재 전남 곡성군

이순신은 바쁜 중에도 피난하는 백성들을 만나면 우선 말에서 내렸다. 말에서 내리는 순간, 그는 백성들과 매한가지로 전란의 고통을 겪는 한 사람이 되었다.

이순신은 피난민들과 손을 마주 잡으며 서로 체온을 나누고, 따뜻한 마음을 건넸다. 부디 몸조심하고 전란을 잘 견디라는 위로도 잊지 않았다.

이순신은 이처럼 백성을 사랑했다. 통제사 시절, 적선을 잡으면 몇 척은 꼭 남겨두었다. 모두 불태워야 하지만 도망쳐서 숨어 있던 적이 타고 나갈 배가 없어 백성들을 해칠까 걱정했기 때문이

다. 수많은 피난민이 고생하는 모습에 가슴이 아파 돌산도로 들여
보내 농사짓고 살도록 돕기도 했다. 명나라 군사들이 백성들을 못
살게 굴 때는 진린과 담판을 지어 명나라 군졸을 직접 다스리는
권한을 받아내기도 했다.

백성들은 이런 이순신을 하늘같이 믿고 따랐다. 다시 통제사가

되어 나타난 그를 보고 백성들은 외쳤다.

"우리 사또가 다시 왔다!"

"우리 사또가 왔으니 이젠 죽지 않을 것이다. 나는 사또를 따라간다!"

"옳소! 나도 사또를 따라가겠소!"

사내들은 앞다투어 소리쳤다. 그들은 피난 가는 가족들과 기꺼이 헤어졌다. 젊은 사내뿐 아니라 나이든 사람과 어린 소년들까지 이순신을 따라나섰다.

이순신을 따라나서는 곳은 전쟁터였다. 죽을 수도 있는 위험천만한 곳이었다. 그러나 그들은 두려워하지 않았다. 이순신이 있기 때문이었다. 그들은 이순신의 능력을 믿었고, 자신들에 대한 그의 사랑을 믿었다.

원균이 통제사였을 때 병사들은 어떻게든 달아나려 애썼다. 그래서 이억기는 조선 수군이 곧 망할 것이라고 했다. 그런데 이제 이순신에 대한 굳은 믿음으로 너나없이 싸움터로 나가려 하니 이렇게 모여든 군사가 어떻게 강하지 않을 수 있을까.

8월 9일, 이순신은 낙안읍에 다다랐다. 병마사 이복남은 왜적이 다시 쳐들어왔다는 소식에 겁이 나서 도망쳤지만 백성들은 5리 밖으로 나와 이순신을 환영했다. 노인들은 길가에 늘어선 채 술병을 바치며 이순신에게 술을 권했다.

이순신은 말을 더 달려 남쪽으로 내려갔다. 순천에서는 60여 명이 그를 따라나섰다. 이순신은 불탄 창고를 뒤져 무기를 긁어모았다. 보성에 도착하니 군사가 120여 명으로 불어나 있었다. 그렇게 군사를 모으고 전함 12척도 찾아냈다.

8월 19일에는 장흥 회령포에서 통제사 취임식을 치렀다. 교서를 받은 지 한 달이나 지나서였다. 이순신은 그 한 달 동안 적과 충돌을 무릅쓰고 무려 330킬로미터나 되는 전라도 내륙 지방을 돌아봤다.

이순신은 통제사가 되었다고 해서 바로 왜적과 싸울 형편이 되지 못했다. 전선을 움직일 병사와 군사들을 먹일 군량미, 적과 싸울 무기를 백성의 힘을 빌려 구해내지 않고는 추격해오는 왜적에 대항할 수 없었다. 그래서 부득이 위험을 무릅쓴 채, 몰려오는 왜적과 단 하루 간격을 두고 전라도를 돌았던 것이다. 그 결과 회령포에 이르러서야 겨우 조직을 갖춰 부임할 수 있었다.

취임식을 마치고 이순신은 이진으로 옮겨갔다. 회령포는 포구 앞이 너무 좁아 적을 막아내기 어려운 장소였기 때문이다. 이진에서 그는 토사곽란으로 몹시 앓았다. 전쟁을 치르면서 단 한순간도 쉴 틈이 없었는데 감옥에서 고문까지 당했으니 몸이 말이 아니었다. 며칠 만에 가까스로 기운을 차린 이순신은 적과 싸울 만한 곳을 찾아 다

이진
현재 해남군 북평면 이진리

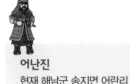
시 어난진으로 이동했다. 직책을 맡은 자들은 모두 도망친 뒤라 가는 곳마다 텅텅 비어 있었다.

8월 28일, 적들이 갑자기 어난진을 습격해왔다. 이순신은 적선 8척을 물리치고 장도로 진을 옮겨갔다.

8월 29일, 척후병으로부터 적들이 대규모로 공격해올 것이라는 정보를 들었다. 아직 왜군에 대적할 만한 전력이 없었으니 일단 피하는 수밖에 없었다. 결국 장도에서 또다시 벽파진으로 진을 옮겨갔다.

"조선 수군이 그림자도 안 보이더니 이제 이순신이 다시 나타나 싸울 준비를 하고 있다. 강해지기 전에 쳐부수지 않으면 안 된다. 지금 조선 수군을 뿌리째 뽑아버려야 한다."

왜군은 벽파진을 향해 출동했다. 전함 400여 척, 군사가 1만 명에 달했다. 그러나 이순신이 가진 배는 고작 12척이었다. 이순신을 믿고 따르는 장수들마저 겁을 먹었다. 심지어 경상우수사 배설은 9월 2일 새벽에 도망가 버렸다.

이 무렵 선조는 이순신에게 명령을 내렸다. 얼마 되지도 않는 군사와 배를 가지고 바다를 떠돌지 말고, 육지로 올라와 싸우라고 했다. 수군을 아예 없애겠다는 뜻이었다. 따를 수 없는 명령이었다. 이순신은 천하의 명언 한 마디를 남긴다.

신에게는 아직 12척의 배가 있습니다.

죽을힘을 다해 막아 싸우면 지금도 할 수 있습니다.

전선이야 비록 적지만 제가 죽지 않았으니 적이 감히 우리를 업

신여기지 못할 것입니다.

그 이후 조정의 수군 폐지론은 잠잠해졌다.

조선 수군은
어떤 무기를 가지고 싸웠을까?

가. 총통

임진왜란 시기에는 천자, 지자, 현자, 황자 이 4가지 총통이 주로 쓰였다. 총통들의 이름은 사격 능력과 발포력에 따라서 이름을 달리 지은 것이다. 총통들은 거북선과 판옥선에 실려 함포전에 쓰였다. 《난중일기》에 보면 이순신이 1592년에 수군 기지를 돌면서 총통 사격을 지켜본 것으로 나온다. 또한 이순신은 거북선에 총통을 싣고 바다 한가운데로 나아가서 실험을 했다고 기록했다.

총통의 비교

	천자총통	지자총통	현자총통	황자총통
최대사정거리	1,125m	1,000m	1,000m 혹은 1,875m	1,378m
구경	118~130mm	105mm	60~75mm	40mm
길이	130~136cm	89~89.5cm	79~83.8cm	50.4cm

천자총통

임진왜란 때 사용하던 화포 중 가장 큰 것이다. 주로 대
장군전을 쏘아서 왜선에 구멍을 내는 데 사용했다. 사
거리는 900보에 이르고, 일반적인 탄환과 400개의 조란
환을 한꺼번에 쏠 수 있었다.
조란환은 산란탄의 일종으로 작은 탄환을 일시에 발사하는 것이다. 한 번
발사하는 데 사용되는 화약은 30냥이다.

지자총통

천자총통에 이어 두 번째로 크며 대장군전보다 작은 장군전을 쏘는 데 사
용했고, 200여 개의 조란환을 한 번에 발포할 수 있었다. 새알 같은 철탄환
을 사용할 때에는 한 번에 200개를 장전하여 쏘았다. 사거리는 800보, 그
리고 한 번 발사하는 데 사용된 화약은 20냥이었다.

현자총통

총통 중 세 번째로 크며 차대전과 100개의 조란환을 쏠 수 있었다. 임진왜
란 때 가장 많이 사용했다. 그 이유는 천자총통이나 지자총통보다 작아 만
들기도 쉽고 화약도 적게 쓰이는 반면 사거리나 성능은 비슷했기 때문이
다. 한 번 발사하는 데 화약 4냥이 쓰이는 반면, 사거리는 차대전은 800보,
철환 등은 1,500보에 이른다.

황자총통

가죽날개를 단 큰 화살을 쏠 경우 사거리가 1,100보에 이른다. 약통 뒤에 나무 막대기를 넣을 수 있는 손잡이와 포귀가 있어 조준 사격을 할 수 있는 것이 특징이다. 화약은 3냥이 쓰이며, 피령차정전과 40개의 조란환을 발사할 수 있었다.

1587년 2월, 왜군이 전라도 흥양에 침범하여 이대원이 전사하고, 손죽도 등이 약탈당하는 피해를 입자 선조는 병조에 일러 남방의 왜적을 방어할 무기가 제대로 갖추어졌는지 살피라는 전교를 내렸다. 이 화포는 이렇게 군기의 보수와 제조를 서둘러야 하는 급박한 정세에서 만들어진 것으로 보인다.

나. 비격진천뢰

완구에 담아 발사하여 땅에 떨어진 후 폭발하는 일종의 시한폭탄이다. 임진왜란 때 화포장 이장손이 만든 폭탄으로, 하늘을 진동시키는 소리를 낸다 하여 비격진천뢰라고 불렸다. 1592년 9월 경주성 탈환 때 그 위력을 발휘했다. 수군에서는 1593년 2월 웅천수륙합공작전 때 '언덕 위의 진지에 진천뢰를 쏘았는데, 터지고 부서지고 죽고 상하여 시체를 끌고 쩔쩔매며 달아나는 적들은 이루 헤아릴 수 없었다.'는 이순신의 장계 기록이 있다.

모양은 박과 같이 둥글고 죽통을 넣는 네모난 구멍과 화약을 넣는 허리 구멍이 나 있다. 무게는 20근, 두에쇠(뚜껑)의 무게는 4냥, 사거리는 300보이나 포열이 없는 완구로만 쏠 수 있었기 때문에 정확도가 낮았다. 그리고 내부에 있는 죽통과 박달나무로 만든 목곡의 심지 길이를

조절하여 폭발 시간을 조절할 수 있었다. 목곡은 나사 모양으로 골을 파는데, 목곡에 감겨져 있는 약선의 숫자에 따라 폭발 시간이 좌우된다. 적게 감으면 빨리 폭발하고 많이 감으면 천천히 폭발하는 것이다.

사용 순서는 포탄 안에 철 조각을 넣고 목곡을 넣은 죽통을 넣은 후에 뚜껑을 덮고 주위를 종이로 밀봉한다. 화약은 허리에 난 작은 구멍을 통하여 채워넣고 각목으로 구멍을 막은 후 완구로 발사한다. 발사된 비격진천뢰는 죽통에 연결된 약선이 타 들어가 구멍을 통하여 화염과 마름쇠가 방사된다.

다. 각궁과 통아

각궁은 우리나라 활 중에서 가장 대표적인 활이다. 궁각의 길이에 따라 후궁과 장궁으로, 재료에 따라 전시와 수렵용, 연악과 습사용으로 구분된다. 전투 및 수렵용은 궁간상, 물소뿔, 소심줄, 민어부레풀, 사, 옻칠의 6재로 만들어지며, 연악과 습사용은 궁간상, 물소뿔, 소심줄, 민어부레풀, 참나무, 대나무, 화피 등 7가지 재료로 만들어진다. 쏘는 사람의 기력에 따라 강궁, 실궁, 실중력, 중력, 연상, 연중, 연하로 나뉜다.

통아는 짧은 화살을 쏠 때에 화살을 담아서 활의 시위에 얹어서 쏘는 가느다란 나무통으로, 화살은 이 통 속을 거쳐서 나가고 통은 앞에 떨어진다. 이것은 원통의 대나무를 사선으로 깎아 만들었다.

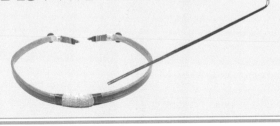

명량해전

안택선
임진왜란 당시에 왜군이 이용
하던 대형 전투함

명량
해남 학동리에 있는 해협. 울
돌목이라고도 한다. 울돌목을
최후의 전투 장소로 선택한 것
은 이유가 있다. 이순신이 일
찍이 1596년 체찰사 이원익
등과 군사 문제를 협의하기 위
해 해남·영광에 왔을 때, 가리
포 남쪽 망대에 올라 좌우의
적들이 다니는 길과 여러 섬
들을 눈여겨 살펴보았다. 이때
명량 부근의 지리적 특색과 이
점을 관심 있게 봐둔 것이 큰
도움이 되었다.

적과 겨뤄야 할 시간이 다가오고 있었다. 어떻게 싸워야 할 것인
가. 이순신은 깊이 고민했다. 우리는 판옥선 12
척뿐인데, 적선은 안택선까지 모두 400여 척이
었다. 적은 수의 병력으로 10배가 넘는 적과 싸
워 이길 방법이 있을까? 그때 이순신의 머릿속
에 명량이 떠올랐다.

　명량은 울돌목이라는 별칭에서 알 수 있듯이
바닷목이 좁고 물살이 무척 세고 빨라 조수의 흐
름이 폭포와 같고, 그 소리가 천지를 뒤흔들 정
도로 특이한 지역이다. 이 좁은 명량으로 들어올
수 있는 배는 많아야 중소형 전선 100여 척이었
다. 이 배들만 상대하면 되니 전함의 열세를 최
소한으로 줄일 수 있다. 게다가 명량은 시간에

따라 물살의 흐름이 빠르게 바뀌는 곳이었다. 이 지형상의 이점을 잘 이용하면 지리를 모르는 적을 혼란시켜 무찌를 수 있을 것 같았다.

그런데 문제가 있었다. 계획대로 명량에서 전투를 한다 해도, 전투 시각은 이순신이 정할 수가 없었다. 적군이 어느 때 공격해 올지 몰랐다. 명량은 언제 전투를 하는지에 따라 아군에게 약이 될 수도 있지만 독이 될 수도 있었다. 만약 물살의 흐름이 우리한

테 불리할 때, 즉 적이 순류를 타고 공격해온다면……. 어떻게 해야 할까. 이순신은 다시 한 번 깊은 생각에 잠겼다.

'물살의 흐름은 시간에 따라 바뀌게 마련이다. 적군은 시간상 유리할 때 공격할 것이니 그동안 죽을힘을 다해 불리함을 견뎌내자. 그렇게 버티다가 물살의 흐름이 바뀌면 전세를 역전시킬 수 있다. 조선의 바다를 잘 모르는 적은 크게 당황할 것이다. 그때 온 힘을 다해 적을 치면 10배가 아니라 100배가 넘는 적이라도 충분히 무찌를 수 있다. 당황한 군대는 그 수가 얼마나 많든 문제가 되지 않는다. 관건은 물살의 흐름이 바뀔 때까지 우리가 적의 공격을 막아낼 수 있느냐이다.'

이순신은 두 주먹을 쥐었다.

'해보자! 내 부하들을 믿어보자! 조선 수군의 애국심을 믿어보자! 분명히 이길 수 있다. 부하들을 믿고, 내가 제일 앞에서 죽을 각오로 싸워보자!'

9월 15일, 이순신은 전함 1척을 더 구해 총 13척의 전선과 부하 장병들을 이끌고 명량 윗머리에 있는 우수영 앞바다로 진을 옮겼다.

전투가 가까워오자 이순신은 피난민을 타일러 높은 산으로 올라가게 하고, 그날 밤 장수들을 불러 모았다. 그리고는 그 유명한 '생즉필사 사즉필생'의 준엄한 훈시를 했다.

"병법에 이르기를 살고자 하면 죽을 것이요, 죽고자 하면 살 것이라고 했다. 또 한 사람이 길목을 지키면 1,000명도 두렵게 할 수 있다고 했다. 이는 모두 오늘날 우리를 두고 한 말이다. 너희 여러 장수들은 오늘 살려는 생각을 내려놓아라. 조금이라도 명령을 어기면 비록 작은 일이라도 용서하지 않을 것이다."

13척으로 133척을 쳐부순 기적 같은 승리

이윽고 날이 밝았다. 9월 16일, 참으로 신비로운 해전이 벌어진 날이었다. 이른 아침, 이순신은 망을 보던 임준영에게 보고를 받았다.

"셀 수 없이 많은 적선이 명량을 거쳐 이곳 우수영을 향해 오고 있습니다."

드디어 전투가 시작되었다. 이순신은 이미 전투 구상을 마친 터라 곧바로 배들을 이끌고 명량 쪽으로 나아갔다. 우리 전함 뒤에는 100여 척의 고기잡이배가 따랐다. 전함이 많은 것처럼 보이기 위해서였다.

예상대로 적선은 아침에 조류의 흐름을 타고 명량으로 줄지어 들어왔다. 끝도 없이 다가오는 엄청난 수의 적함들을 보자 조선

임준영
적진으로 침투해 목숨을 걸고 기밀을 빼내는 조선의 탐망꾼이었다. 그는 이순신 장군과 나라에 충정을 바쳤다.

수군들은 오금이 저렸다. 장수들마저 엄청난 공포심을 느꼈다. 특히 전라우수사 김억추의 배는 벌써 멀찌감치 뒤떨어져 있었다.

전략상 처음에는 우리 배 쪽으로 밀려오는 빠른 물살을 버티며 전투를 해야 했기에 모두가 힘껏 노를 저어 나아가 닻을 내리고 적을 기다려야 했다. 하지만 김억추의 배는 노를 젓지 않고 가만히 있었다. 그 바람에 물살에 떠밀려 뒤처진 것이다. 사실 김억추뿐만 아니라 다른 장수들도 겁을 내어 대부분 뒤처져 있었다. 여차하면 달아나려는 태세였다.

오직 하나, 이순신이 탄 대장선만이 힘껏 노를 저어 한가운데로 나아갔다. 떼 지어 몰려오는 왜선들 앞에 닻을 내리고 전투 태세를 갖추었다. 예상은 적중했다. 좁은 길목으로 들어온 적선은 400여 척 가운데 중소형 전함 133척뿐이었다.

적선은 대장선을 에워싸기 시작했다. 대장선의 수군은 다가오는 적들을 향해 총통과 화살을 마구 쏘았다. 이순신은 죽을힘을 다해 지휘에 나섰고, 두려워하는 군사들의 용기를 북돋는 데 온 힘을 다했다.

탄환이 폭풍우처럼 쏟아지고, 배 위에 빽빽이 선 군사들이 화살을 빗발처럼 쏘아대니 왜선들은 감히 공격을 못 했다. 앞으로 나왔다가 뒤로 물러가기를 반복할 뿐이었다. 명량해협의 폭은 300미터가 넘지만, 적선이 쉽게 움직일 수 있는 곳의 폭은 고작

120미터였다. 그래서 대장선 한 척으로 왜선 수십 척을 한동안 막아낼 수 있었다. 그러나 적은 여러 겹으로 둘러싸고 끝없이 밀고 들어왔다. 대장선에 탄 군사들의 얼굴도 차츰 겁에 질려 갔다.

이순신은 힘찬 목소리로 군사들을 타일렀다.

"적선이 많다 해도 감히 우리 배를 침범하지 못할 것이다. 그러니 조금도 흔들리지 마라. 힘을 다해 적을 쏘면 우리가 이긴다."

이처럼 대장선 홀로 적을 막아내느라 애쓰는 동안, 다른 장수들은 슬금슬금 물러나며 싸우려 들지 않았다. 심지어 대장을 지켜야 할 중군장 김응함도 마찬가지였다. 중군장을 꾸짖으러 대장선을 돌리자니 적들이 공격해올 형편이라 이러지도 저러지도 못했다. 이대로 가다가는 패할 수밖에 없었다.

이순신은 하는 수 없이 마지막 방법을 택했다. 싸움을 피한 병사 하나를 처형한 것이다. 마음이 아팠지만 부하들을 싸움에 나서게 하려면 어쩔 수 없었다. 이순신은 참담한 심정으로 영각을 불어 명령을 내리는 기를 세우게 했다. 또 붉은 비단옷을 입고 초요기를 올려 뒤에 처진 장수들을 불렀다.

명량해협
명량해협은 협수로인 데다, 수로 양쪽 해안은 암초가 많아 실제로 배가 통행할 수 있는 수로는 더 좁아질 수밖에 없다. 그래서 협수로 밖에 기다리는 조선 수군은 선두의 적선 5~10척 정도만 상대하면 되었다. 이순신은 13척의 함선을 수로 입구에 횡렬로 벌려 세워 적을 공격했다.

영각
호령하는 나팔

초요기
군사를 부르는 깃발

거제 현감 안위의 배가 제일 먼저 앞으로 나왔다. 중군장 김응함의 배도 대장선 가까이 다가왔다. 이순신은 큰소리로 안위를 불렀다.

"이놈, 안위야! 네가 군법에 죽고 싶으냐? 도망가면 어디 가서 살 것이냐?"

"아닙니다, 장군. 죽을힘을 다해 싸우겠습니다!"

안위는 곧바로 적진을 향해 돌진했다.

이순신은 김응함도 호되게 꾸짖었다.

"응함아, 너는 중군으로서 대장을 구하지 않고 도망갔다. 그 죄를 어찌 면하겠느냐? 당장 처형해야 하지만 전세가 워낙 치열하니 우선 공을 세우게 둔다."

김응함의 배도 적진을 향해 쏜살같이 나아갔다.

먼저 출발한 안위의 배에 적군들이 개미 붙듯이 달려들었다. 힘껏 몽둥이로 치고 긴 창으로 막았지만, 워낙 숫자가 많아 기진맥진해졌다. 부하의 배가 위험에 빠진 것을 본 이순신은 급히 뱃머리를 돌려 쫓아가서 대포와 화살을 빗발치듯 퍼부어 적선 3척을 깨고 안위를 구했다.

녹도 만호 송여종, 평산포 대장 정응두의 배가 공격에 가세했다. 이들은 적의 대장선을 향해 대포와 화살을 퍼부었다. 붉은 비단옷을 입은 사람 하나가 대장선에서 떨어져 바다에 풍덩 빠졌다. 이때 이순신의 대장선에는 적진에서 죄를 짓고 조선에 항복한 왜인 준사가 타고 있었다. 준사가 붉은 비단옷을 입고 물에 빠진 사내를 보고 소리쳤다.

"저 사람이 구루시마 미치후사요!"

이순신은 군사를 시켜 물에 빠진 구루시마를

송여종
조선 중기의 무신. 임진왜란 때 낙안 군수 신호의 막료로 종군했고 한산도 싸움에서 이순신 휘하에서 전공을 세웠다. 정유재란 때는 원균 휘하에서 한산도 싸움에 패했으나 이순신 휘하에서 수차 전공을 세웠다.

구루시마 미치후사
일본의 무장. 임진년에는 700명을 이끌고 육군으로 참전했고 정유년에는 600명을 이끌고 수군으로 참전했다.

건져 올려 칼로 베었다. 대장이 비명을 지르며 죽자 적군의 사기는 순식간에 꺾여버렸다.

그러는 사이 물살이 바뀌었다. 이젠 조선군이 순류를, 왜군이 역류를 탔다. 마침내 기다리던 때가 온 것이다. 이순신의 함대는 일제히 북을 울리고 함성을 질렀다. 물살에 밀려가는 적선들을 쫓아가며 공격했다. 지자포, 현자포 소리가 하늘과 바다를 뒤흔들었다.

예상치 못한 물살의 변화에 적들은 크게 당황했다. 허둥지둥 도망치다가 조선의 공격에 무참히 무너졌다. 적의 선봉 함선 31척이 모조리 불에 타서 깨졌고, 나머지도 멀리 달아나 다시는 가까이 오지 못했다. 물살이 바뀌는 순간 번개처럼 공격해 순식간에 거둔 승리였다.

13척의 배로 133척을 무찌른 예는 지금껏 없었다. 명량해전은 세계 해전사에 길이 남을 기록이었다.

명량해전
1597년(선조 30년) 9월 정유재란 때 조선 수군이 명량에서 일본 수군을 쳐부순 싸움. 이 싸움으로 조선은 다시 해상권을 회복했다.

조선의 바다를 되찾다

명량해전이 벌어질 때, 수많은 백성들이 이순신의 지시로 높은 산에 피해 있었다. 산에서 바라보니 왜적선이 바다를 가득 메워 푸른 바닷물이 거의 안 보일 지경이었다. 그런데 조선의 배는 겨우 13척이라 기가 막혔다.

"아이고, 우리는 이제 망했네."

"통제사만 믿고 여기까지 왔는데, 더는 가망이 없어."

"여기마저 무너지면 우린 또 어디로 간단 말인가?"

사람들은 겁에 질려 울음을 쏟아놓았다. 아무리 이순신이라도 저토록 엄청난 적을 어찌 이길 수 있을까, 저 바다에서 무슨 수로 살아나올 수 있을까 하는 걱정 때문이었다.

어느덧 전투가 끝나 바다 위를 덮고 있던 자욱한 연기가 걷혔다. 그런데 그 많던 적선들은 사라지고, 조선 전선들만 물 위에 둥실둥실 떠 있는 게 아닌가. 1척도 상한 데가 없었다. 두 눈으로 보면서도 도무지 믿을 수가 없었다. 거짓말 같은 일이 눈앞에 펼쳐지고 있었다.

"도대체 어찌된 영문인가?"

놀란 사람들이 눈을 씻으며 다시 바다를 살펴보았다. '조선삼도 수군통제사'라고 쓴 큰 깃발이 바람에 힘차게 휘날리고 있었다.

"이순신 장군 만세!"

누군가가 우렁차게 외쳤다.

"조선 수군 만세! 이순신 장군 만세!"

서진

민족이나 부대 또는 어떤 세력
따위가 서쪽으로 나아감.

울음소리는 그제야 만세 소리로 바뀌어 메아

리쳤다.

완벽한 승리였다. 이날의 승리로 조선 수군은

잠시 잃었던 남해를 되찾았다. 반면 왜의 수군은 서진 계획을 멈추

고 다시 동쪽으로 진을 옮겨야 했다. 수륙병진 전략에 따라 맹렬한

기세로 북상하던 왜의 육군도 남쪽으로 퇴각할 수밖에 없었다.

명량해전의 승리가 알려지자 조정은 물론 명나라 장수들까지도 기뻐서 어쩔 줄을 몰랐다. 기적과도 같은 승리에 명나라 장수들은 감탄하며 축하 선물을 보냈다. 그 선물들은 지금도 현충사에 보관되어 있는데, 금대를 포함해 모두 70점이나 된다.

선조는 안위를 승진시키는 등 장수들의 벼슬을 차례로 올리면서도 정작 이순신에게는 은 스무 냥만 보냈다. 이순신은 이미 벼슬이 높아 포상하지 않는다는 이유에서였다. 양호가 어서 이순신을 포상하라고 독촉했지만 선조는 끝내 거부했다.

이 같은 선조의 처사에 이순신은 아무 불평도 하지 않았다. 언제나 앞장서서 목숨을 걸고 싸우지만 전투가 끝나면 모든 공을 부하들에게 돌릴 뿐이었다. 자기 할 일에 온 힘을 쏟은 사람은 그 일 후에 일어나는 결과에 담담한 법이었다.

막내아들 면이 죽다

명량해전에서 이긴 직후에 이순신은 몹시 아팠다. 열흘 동안이나 심한 몸살로 움직일 수조차 없었다. 얼마 뒤에는 아산 집이 왜적의 습격을 받았다는 청천벽력의 소식을 들었다. 맏아들 회를 급히 아산으로 보내고, 그는 서해안을 돌아보았다. 적어도 전라도 해안에서는 몹쓸 왜적이 말끔히 사라진 것을 직접 눈으로 확인하고 싶었기 때문이다.

이순신은 우수영으로 돌아왔다. 그런데 인가는 모두 없어지고 사람이라곤 그림자조차 보이지 않았다. 왜적들이 불을 지르고 도망친 것이다. 명량해전에서 진 왜적의 보복이었다. 한 패는 충청도로 올라가 이순신의 집이 있는 아산 금성촌에 불을 지르고, 다른 한 패는 해남으로 쳐들어와 온갖 분탕질을 치고 갔다.

우수영으로 돌아온 지 닷새째 되는 새벽이었다. 이순신은 이상한 꿈을 꾸었다. 말을 타고 언덕을 달리는데 말이 발을 헛디뎠다. 그 바람에 냇물로 떨어지면서 막내아들 면을 왈칵 끌어안았다. 그때 꿈에서 깨어났다.

막내아들 면의 죽음
9월 16일을 전후해 왜군의 북상 과정에서 전사한 면의 나이는 당시 스물한 살이었다. 명량해전에서 충무공에게 완패한 왜군들은 그 앙갚음으로 아산에 있던 아들 면을 살해했다. 이순신의 아들답게 면은 전사 과정에서 목숨을 구걸하거나 도망하지 않았으며 떳떳이 맞섰다고 한다.

꿈을 꾼 날 저녁이었다. 어떤 사람이 천안에서 왔다며 편지를 전했다. 편지를 받은 이순신은 별안간 뼈와 살이 떨리고 정신이 혼란스러웠다. 떨리는 손으로 봉투를 뜯었다. 둘째아들 필체의 '통곡'이라는 글자가 제일 먼저 눈에 들어왔다. 그 순간 이순신은 막내아들 면이 전사했음을 알아차렸다. 그날의 애통한 심정을 이순신은 일기에 이렇게 적었다.

간담이 떨어져 목을 놓아 통곡하노라. 하늘은 어찌 이리도 어질지 못하신고. 간담이 타고 찢어지는 듯하다. 내가 죽고 네가 살아야 마땅한데, 네가 죽고 내가 살았으니 이렇게 어긋난 일이 어디 있단 말이냐. 천지가 캄캄하고 해조차도 빛이 변했구나.

슬프다, 내 아들아!

나를 버리고 어디로 갔느냐?

남달리 영특하여 하늘이 세상에 놓아두지 않은 것이냐. 내가 지은 죄 때문에 화가 네 몸에 미친 것이더냐. 나는 이제 세상에 살아 있은들 누구에게 의지한단 말이냐.

너를 따라 죽어 지하에서 같이 지내며 울고 싶건만 네 형, 네 누이, 네 어머니가 의지할 곳이 없어 목숨은 이어간다마는 속은 다 썩어 문드러지고 오직 울부짖을 따름이다.

하룻밤 지내기가 일 년 같구나.

왜적들은 이순신의 집은 물론 온 마을에 불을 질렀다. 어머니를 모시고 집에 있던 면은 적을 향해 달려들었다. 그러나 길 한쪽에 숨어 있던 왜군의 칼에 맞았다. 스물한 살 꽃다운 나이였다.

면은 겁이 없고 용감했으며 남달리 슬기로웠다. 말을 잘 타고 활쏘기도 뛰어났다. 앞으로 자신의 뒤를 이을 것이라고 각별히 기대해온 자식이었다. 그래서 슬픔과 고통은 더욱 컸다. 이순신은 며칠 동안 밤새 눈물을 흘렸다. 어떤 날에는 코피를 한 되나 쏟기도 했다.

자식을 잃은 고통으로 이순신은 창자가 끊어지는 듯했다.

세계인이 보는 이순신

지금도 전 세계 해군사관학교에서는 이순신의 전법을 가르치고 있다. 또한 이순신에 대해 아는 사람들은 하나같이 그를 칭송한다.

"그의 이름은 서구 역사가들에게는 잘 알려지지는 않았다. 그러나 그의 공적을 보면 위대한 해상 지휘관들 가운데서도 맨 앞줄을 차지할 만하다. 이순신 제독을 낳게 한 것은 신의 섭리였다.

이순신 제독은 전략 판단이 정확했다. 또한 해군 전술가로서 뛰어난 기술을 갖고 있었다. 아울러 탁월한 통솔력을 지녔고, 전쟁의 기본정신인 그칠 줄 모르는 공격정신을 가지고 있었다.

모든 전투에서 그는 언제나 끝까지 승리를 추구했다. 그 용감한 공격은 결코 무모한 모험이 아니었다. 이런 점은 기회가 될 때마다 주저 없이 적을 공격하면서도, 실패하지 않기 위해 세심한 주의를 기울였던 넬슨 제독과 비슷하다. 그런데 이순신 제독은 넬슨 제독보다 뛰어난 점이 있었다. 무기를 발명하는 데 비상한 재능이 있었다는 점이다."

– 영국의 해전사 전문가이자 해군 중장 G. A. 발라드

"나는 35년 동안 역사를 공부했지만 이순신에 대해서는 한 번도 들어보지 못했다. 이렇게 훌륭한 분이 알려져 있지 않다는 사실을 이해할 수가 없다. 나의 아들이 해군인데 그 아이도 이순신에 대해 들어보지 못했다고 한다. 그래서 내 아들에게도 알려주려고 한다."

– 미국의 역사학자 토머스 브레너

"이순신은 천지를 주무르는 재주와 나라를 바로잡은 공로가 있는 사람이다."

– 명나라 장수 진린

"나는 이순신이라는 조선의 장수를 몰랐다. 단지 해전에서 몇 번 이긴 그저 그런 조선 장수 정도로만 생각했다. 하지만 내가 겪은 그 한 번의 이순신은 여느 조선의 장수와는 달랐다. 나는 두려움에 떨며 몇 날 며칠 동안 음식을 먹을 수가 없었다. 앞으로 전쟁에 임해야 하는 장수로서 나의 직무를 다할 수 있을지 의문이 갔다.

내가 제일로 두려워하는 사람은 이순신이며, 가장 미운 사람도 이순신이며, 가장 좋아하는 사람도 이순신이며, 가장 흠숭하는 사람도 이순신이며, 가장 죽이고 싶은 사람 역시 이순신이며, 가장 차를 함께하고 싶은 이도 바로 이순신이다."

– 한산해전에서 대패한 왜장 와키자카 야스하루

"나를 넬슨에 비하는 것은 가능하나 이순신에게 비하는 것은 감당할 수 없는 일이다. 이순신 장군이 만약 나의 함대를 갖고 있었다면 그는 세계 해상을 지배했을 것이다."

　　　　　　　　- 1905년 쓰시마 해전에서 승리한 일본 제독 도고 헤이하치로

"만약 이순신 장군이 중국에 있었더라면 중국은 지금과는 비교도 안 될 초강대국이 되어 있을 것이다."

　　　　　　　　　　　　　　　　- 중국의 한학자 장웨이

단 한 척도
돌려보낼 수 없다

명량해전에서 큰 승리를 거두긴 했지만 겨우 13척의 전선으로는 계속 싸우기가 힘들었다. 다시 수군을 일으켜 세울 시간이 필요했다. 때마침 명량해전 이후 겁을 먹은 왜적들은 서해에 얼씬도 못하고 있었다. 시간을 벌 수 있는 좋은 기회였다.

이순신은 우선 보하도로 진을 옮기기로 결정했다. 보하도는 동북쪽이 높이 솟아서 서북풍을 막을 수 있었다. 배를 감춰두기에도 적당했다. 몇 달간 머물며 수군을 재건하기에 알맞은 장소였다.

이순신은 우선 병사들과 함께 지낼 집부터 짓기 시작했다. 어떤 날은 너무 추워서 군사들과 함께 배 밑에 웅크리고 추위를 피했고, 어떤 날

보하도
현재 목포시 고하동 고하도. 이순신이 이곳에 임시 진영을 두었던 시기는 1597년 10월 29일부터 1598년 2월 17일 고금도로 옮겨갈 때까지이며 그 시기는 혹독한 겨울이었다.

은 면을 그리워하며 괴로워했다. 보하도에서 그의 몸과 마음은 고달팠다. 하지만 기쁜 일도 있었다. 명량해전에서 승리한 소식이 퍼져나가면서 수많은 젊은이들이 함께 싸우겠다며 모여들었다.

다시 막강해진 조선 수군

군사가 늘어나니 좋았다. 다만 먹을거리, 입을 거리가 큰 문제였다. 이번에도 조정은 아무 지원도 해주지 않았다. 이순신은 이 문제를 어떻게 해결해야 할지 고민했다.

고민 끝에 그는 '해로통행첩'을 생각해냈다.

"삼도 연해를 통행하는 배는 공선·사선을 막론하고 증명서가 없을 경우 간첩으로 여겨 통행하지 못하게 하겠다. 그러니 모두 와서 통행첩을 받도록 하라."

이순신이 명령을 내리자 피난민들이 빠짐없이 모여들었다. 이순신은 큰 배는 3섬, 중간 배는 2섬, 작은 배는 1섬의 곡식을 바치게 했다. 당시 피난하는 사람들은 모두 자신의 배에 재물과 곡식을 싣고 바다로 들어왔기 때문에 곡식 바치는 것을 어렵게 여기지 않았다. 그들은 통행을 금지하지 않는 것에 기뻐했다.

이렇게 군량미 1만여 석을 열흘 만에 마련했다. 이를 밑천으로 이순신은 식량 문제를 해결하고 흩어진 군사들을 불러 모았다.

구리와 쇠를 거두어들여 대포를 만들고, 나무를 베어다 29척의 전선도 제작했다. 이순신과 백성들은 힘을 합쳐 차츰 수군을 일으켜 나갔다.

보하도로 온 지 100여 일이 지났을 때 전선은 42척, 병사는 8,000명으로 늘어 있었다. 자신감을 얻은 이순신은 적진 가까이 옮겨 가기로 했다. 이순신이 선택한 곳은 고금도로 전라좌도와 전라우도 사이에 있어서 안팎의 바다를 모두 견제할 수 있었다. 산봉우리가 겹겹이 이어져서 효율적으로 망을 볼 수도 있었다. 농사지을 곳도 많았다. 땅의 생김새나 섬 사정이 오히려 한산도보다 나았다.

무술년(1598년) 2월, 이순신은 군대를 이끌고 고금도로 옮겨 갔다. 이 무렵 명나라 수군 5,000명이 충청도 당진에 도착했다. 명나라는 임진왜란이 일어난 지 6년이 지나도록 제대로 된 수군을 조선으로 보낸 적이 없었다. 이순신이 있으므로 군이 수군까지 보낼 필요가 없었던 것이다. 그런데 원균이 칠천량해전에서 참패하자 명나라로 향하는 바닷길이 모두 뚫려버렸다. 왜가 바닷길로 쳐들어올 수도 있었다. 명나라는 비로소 심각한 위기를 느꼈고, 도독 진린을 앞세워 수군을 보냈다.

진린은 사납고 괴팍한 성격의 소유자였다. 류성룡은 《징비록》에 다음과 같이 썼다.

진린은 성품이 사나워 다른 사람들과 대부분 뜻이 맞지 않으니 사람들이 그를 두려워했다. 임금께서 청파 들에까지 나가서 진린을 맞이하셨다. 진린의 군사는 우리 수령을 때리고 함부로 욕했다. 찰방 이상규의 목에는 새끼줄을 매어 끌고 다녀서 얼굴이 피투성이가 되었다. 내가 역관을 시켜 말렸으나 듣지 않았다. 같이 앉은 대신들에게 나는 말했다.

"이순신의 군사가 장차 패전하겠구나! 진린과 같이 있으면 행동을 제지당하고 의견이 서로 맞지 않아서 이순신은 장수의 권한을 빼앗기고 군사들은 학대당할 게 뻔하오. 이를 막으면 화를 더 낼 것이고, 그대로 두면 한이 없을 테니 이순신의 군사가 어떻게 패전하지 않을 수 있겠소?"

내 말에 여러 사람들이 "그렇습니다." 하면서 서로 탄식만 할 따름이었다.

이순신은 진린이 고금도로 온다는 소식에 잔치를 준비했다. 사슴과 돼지, 해산물을 넉넉히 잡아 풍성하게 음식을 마련했다. 진린의 배가 바다에 들어올 때는 멀리까지 나가 맞이했다.

훌륭한 대접을 받은 명나라 군사들은 모두가 기분 좋게 흠뻑 취했다. 진린은 물론 다들 이순신을 보며 "과연 훌륭한 장수다."라고 입을 모았다. 류성룡이 걱정했던 일은 일어나지 않았다.

당시 이순신의 명성은 명나라에도 널리 퍼져 있었다. 게다가 이순신은 한산도를 찾아온 명나라 장수들과 교분을 쌓는 등 예전부터 외교를 소홀히 하지 않았다.

외교
다른 나라와 정치적·경제적·문화적 관계를 맺는 일

진린, 이순신에게 감탄하다

고금도에 진을 치고 5개월이 바쁘게 지나갔다. 그동안 전선은 80여 척으로 늘어났다. 이순신 가까이에서 농사를 지으며 살려고 모여든 백성들도 1,500여 명이나 되었다. 섬에는 수백 채의 민가가 생겨났다. 예전 한산도 시대보다 못할 것이 없었다.

이 무렵인 7월 18일, 진린도 이순신 가까이에 진을 쳤다. 그날 적선 100여 척이 쳐들어온다는 정보가 있었다. 이순신과 진린은 왜적을 함께 물리치기로 약속했다.

　이튿날 새벽, 전투가 시작됐다. 조선 수군이 먼저 적진으로 돌격하며 활과 총통을 마구 쏘아댔다. 복병장 송여종의 맹활약으로 적선 50여 척이 불타기 시작했다. 이때 명나라 수군도 합세했다. 그러나 명나라 배는 가장자리만 맴돌며 싸움에 소극적이었다.

　전투는 조선과 명나라 연합군의 승리로 끝나고, 많은 적들을 없앴다. 그러나 조선 수군은 싸움이 급해 적의 머리를 70여 개밖에 베지 못했다. 그나마 명나라 수군은 열심히 싸우지 않는 바람에 하나도 베어오지 못했다. 진린은 뱃전에서 발을 구르며 부하들을 심하게 꾸짖었다.

　"이런 바보 같은 놈들아! 너희들은 도대체 무얼 했느냐?"

　이순신이 불같이 화가 난 진린을 진정시켰다.

　"대감은 명나라 대장으로 왔으니 모든 승리가 바로 대감의 승리입니다. 우리가 베어온 것을 나누어드리겠소. 귀국 황제가 얼마나 좋아하시겠소?"

　정작 머리를 베어온 송여종은 몹시 실망했다. 이순신은 웃으면서 송여종을 달랬다.

　"적의 머리는 아무것도 아니다. 명나라 사람에게 준들 무엇이 아까우냐? 네 공로는 장계에 적어 그대로 위에 알리겠다."

공로
이순신은 부하들이 공평하게 포상을 받게 하기 위해 매 해전 때마다 그들의 전공을 자세히 살폈다. 그리고 그 결과에 따라 부하들의 공로를 1·2·3 등급으로 나누고 이를 토대로 조정에 장계하였다.

125

이런 이순신에게 명나라 장수들은 고마워했다. 문서로도 감사의 뜻을 표했다. 특히 진린은 무척 기뻐하며 이순신의 손목을 덥석 잡았다.

"공의 이름을 귀가 따갑게 들었는데, 과연 허명이 아니었소이다!"

허명
실속 없는 헛된 명성

야
한자로 아버지 야(爺) 자인데, 남자를 높여 부르던 말이다.

그 일 후로 진린은 이순신에게 '이야'라는 존칭을 썼다. 또한 모든 일을 이순신과 의논했다. 밖에 나갈 때는 가마를 나란히 하여 감히 앞서 가는 일이 없었다.

우리 백성들을 괴롭히지 마라

이 전쟁의 주인은 어디까지나 조선이었다. 명나라는 도와주러 온 손님에 지나지 않았다. 그들을 어떻게 활용할지는 주인이 하기 나름이었다. 이순신은 전투는 뒷전이고 공을 세우기에만 혈안이 된 진린을 다독여 명나라 수군의 힘을 지속적으로 활용했다. 철저한 주인의식에 바탕을 둔 차원 높은 전략이었다.

한번은 이런 일도 있었다. 명나라 수군들은 고금도의 민가를 함부로 약탈했다. 이순신은 그런 짓을 도저히 그냥 두고 볼 수 없었다. 그는 집들을 한꺼번에 부수고 자신의 옷과 이부자리를 배로 옮겨 실었다. 소식을 들은 진린이 부하를 보내 이유를 물었다.

"우리 백성들은 명나라 군사들을 부모 바라보듯이 합니다. 그런데 도리어 약탈을 일삼으니 백성들이 실망하여 모두 여기를 떠나려고 합니다. 나는 이 나라 대장이라 혼자 남을 수 없어 백성들과 같이 다른 곳으로 가려는 것입니다."

이 말을 전해들은 진린이 헐레벌떡 달려와 이순신을 끌어안았다.

"가지 마시오. 제발 가지 마시오."

진린이 간절히 말리자 이순신이 정중하게 부탁했다.

"그럼 명나라 군사들의 잘못을 막을 수 있는 권한을 저한테도 주십시오."

진린은 두말없이 승낙했다.

이때부터 명나라 수군은 누구도 고금도 백성들을 괴롭히지 못했다. 조그마한 물건 하나라도 뺏는 이가 있으면 이순신은 반드시 잡아들여 매를 쳤다. 명나라 병사들은 진린보다 이순신을 더 두려워했다. 그래서 감히 군령을 어기는 자가 없었다.

진린은 오랫동안 진지에 머물면서 이순신을 가까이 지켜보았다. 그리고 진심으로 이순신의 인격에 감동하고 능력에 경탄했다. 그래서 그에게 명나라 군사를 지휘하는 권한도 주었다. 함께 명나라로 가자고 여러 번 권유하기도 했다.

"공은 작은 나라 사람이 아닙니다. 명나라에 가면 틀림없이 나보다 높은 벼슬을 할 거요."

이순신이 그런 말에 흔들릴 사람은 아니었다.

진린은 이순신을 본 심정을 시로 읊기까지 했다.

위풍은 만 리에 널리 떨쳤고
공적은 사방이 두루 알리니
돌아보면 나는 되레 쓸모가 없소.
원컨대 지휘하심을 사양 마시오.

큰 절개는 천인이 우러러보고
높은 이름 만국이 두루 안다오.
우리 황제 간절히 보자시거늘
달려가지 어찌 끝내 사양하시오.

필사적으로 도망가려는 왜적

이순신은 고금도에서 수군 재건을 마무리했다. 가을이 되자 전
선은 85척, 군사는 1만 명으로 그 수가 늘어나 있었다. 명나라 수
군도 전선 128척에 군사 5,000명으로 조선 수군을 돕고 있었다.

이 무렵인 8월 18일에 임진왜란을 일으킨 도요토미 히데요시가 사망했다. 이 소식이 전해지자 가토, 고니시, 시마즈 등 왜적 장수들은 비밀리에 철수 준비를 했다. 이순신은 왜적에 사로잡혔다가 도망친 변경남에게 이 소식을 들었다.

"도요토미가 죽어서 여러 두목이 그 자리를 다투고 있는 마당이라, 여기 있는 적들도 급히 돌아가려고 합니다."

상황이 급속도로 변하고 있었다. 싸움에 지친 왜적들은 빨리 자기 나라로 돌아가려 하고 있었다. 하지만 이순신은 이 전쟁을 마무리 지어야 했다. 그동안 조선 사람들이 흘린 피를 헛되이 할 수 없었다. 그는 결의를 다졌다.

"적선은 단 한 척도 돌려보낼 수 없다."

9월 15일, 조선과 명나라 연합군은 고금도를 출발했다. 공격 목표는 고니시의 1만 4,000여 부대가 주둔한 왜교성(현 순천시 예교)이었다. 진린은 군이 적을 찾아가서까지 싸우고 싶지 않았지만 이순신의 뜻에 따랐다.

9월 20일, 공격이 시작됐다. 하지만 왜교성 앞 바다는 수심이 얕은 데다 왜선 500여 척이 육지 쪽으로 깊숙이 들어간 신성포에 숨어 있어 싸우기가 무척 어려웠다. 게다가 수로에는 방어 말

왜교성 전투
1598년 9월 20일부터 10월 7일까지 조선과 명나라 연합군과 왜군이 얽혀 싸운 격전

밀물
조수의 간만으로 해수면이 상승하는 현상. 바닷물이 하루에 두 차례씩 밀려들어온다. 왜교성 전투 당시 조선 수군은 밀물이 들어오는 6시간 정도밖에 싸울 수가 없었다.

공방전
서로 공격하고 방어하는 싸움

뚝을 빽빽하게 박아두어 밀물 때만 들어가 싸울 수 있었다. 이런 상황에서 공방전은 열흘 넘게 계속되었다. 9월 30일에는 명나라 장수 왕원주가 배 100여 척을 거느리고 합류했다. 10월 1일에는 진린이 왜교성 북쪽에 진을 친 유정의 명나라 육군을 찾아갔다. 진린과 유정은 수륙 합동 작전을 논의했다.

10월 2일, 드디어 수군과 육군의 합동 공격이 시작됐다. 조선 수군은 쏟아지는 적탄을 뚫고 왜교성 코앞까지 진격해 많은 왜적을 죽였다. 그런데 어찌된 일인지 약속한 명나라 유정의 육군은 나타나지 않았다. 유정의 합공을 기다리는 사이, 물살이 바뀌어 연합 수군은 퇴각할 수밖에 없었다. 이때 많은 군사들이 죽거나 다쳤다.

3일과 4일의 전투도 똑같은 양상으로 벌어졌다. 조선 수군은 초저녁에 물살을 타고 가서 자정까지 치열하게 싸웠다. 대포로 고니시의 처소 부근을 맞히자 왜적들은 황급히 동쪽으로 몰렸다. 이제 육군이 서쪽을 치고 들어가기만 하면 왜교성은 쉽게 무너뜨릴 수 있었다.

그러나 유정은 "장수가 나만 있는 것이 아니다."라며 끝내 출병하지 않았다. 그는 시종 팔짱을 낀 채 구경만 했다. 그러다 결국 군량미조차 내버리고 10월 6일 밤중에 순천 쪽으로 퇴각해버렸다. 유정과 고니시 사이에 미리 부정한 거래가 있었음이 분명했다.

이순신은 이 전투에서 30여 척의 적선을 깨뜨린 후 불태우고 11척을 사로잡았다. 하지만 명나라 육군이 약속을 어기는 바람에 결정적 승기는 잡지 못했다. 이순신은 진린과 함께 고금도로 돌아올 수밖에 없었다.

진린, 적과 내통하다

그로부터 한 달쯤 후, 이순신은 '순천의 적이 철수하니 돌아가는 길을 막으라'는 조정의 명령을 받았다. 그는 진린과 함께 다시 고금도를 떠났다. 고금도의 피난민들이 떼를 지어 나와 이순신을 전송했다. 1년 9개월 전, 정유년에 한산도를 떠날 때도 백성들은 이순신을 배웅했었다. 그때 백성들은 죄인으로 끌려가는 이순신을 보며 통곡했다. 하지만 이번에는 달랐다. 마지막 원수를 꼭 갚아달라는 염원을 담아 환호하며 그를 보냈다.

고금도를 떠난 이순신과 진린은 11월 9일 백서량에 진을 쳤다. 10일에는 여수 좌수영 앞바다에, 11일에는 유도에 진을 쳤다. 13일에는 노루섬으로 나온 왜선 10여 척을 추격해 물리치고 노루섬에 진을 쳤다. 왜적은 움츠러들어 더는 나오지 않았다. 이순신은 왜교성 앞바다를 물샐틈없이 막았다. 고니시가 돌아갈 길은 완전히 끊겼다.

이때 본국의 철수 명령을 받은 고니시는 무사히 돌아갈 방법을 고민하고 또 고민했다. 이순신이 퇴로를 막고 있는 한 본국으로 돌아갈 수 없었다. 그래서 진린을 매수하기로 작정했다.

진린과 고니시 간의 더러운 교섭이 시작되었다. 고니시는 진린에게 여러 차례 뇌물을 건넸다. 무사히 돌아가게 해달라는 부탁도 함께였다. 뇌물에 눈이 어두워진 진린은 결국 이순신을 설득하기 시작했다. 그러나 이를 들어줄 이순신이 아니었다.

"조선의 원수를 그냥 놓아 보낼 수는 없소."

이순신의 근엄한 태도에 진린은 잠시 고개를 들지 못했다. 그는 고니시의 심부름꾼에게 이순신 때문에 요청을 받아들일 수 없다고 일러 보냈다.

고니시는 이제 이순신에게도 사람을 보냈다. 고니시의 부하가 총과 칼 따위의 선물을 들고 찾아왔다. 그는 선물을 바치며 본국으로 돌아가게 해달라고 간절히 부탁하면서 이순신과 진린을 이간질했다.

"조선 군사는 명나라 군사와 진을 따로 쳐야지, 같은 곳에 함께 있는 것은 무엇 때문입니까?"

이순신은 두 눈을 부릅뜨고 크게 호통쳤다.

"임진년 이후로 너희 왜적을 무수히 잡아 얻은 총칼이 산더미처럼 쌓여 있다. 그런데 무슨 총칼이 더 필요하겠는가! 우리나라는 너희들 대장의 머리만 보화로 여길 뿐이다. 그리고 내 땅에 진을 치는 것이야 내 뜻대로 할 일이지 너희가 무슨 상관이냐?"

이순신은 고니시의 심부름꾼을 걷어찰 듯이 내쫓아버렸다.

궁지에 빠진 고니시는 협상 대상을 다시 진린으로 바꿨다. 진린에게 선물을 잇달아 보내며 돌아갈 길을 열어달라고 애걸복걸

했다. 그동안 받은 것이 있으니 진린은 이순신에게 엉뚱한 말을 했다.

"나는 잠깐 고니시를 내버려두고 남해로 가서 그곳에 있는 적들을 치려 하오."

고니시가 돌아갈 길을 열어주겠다는 소리나 마찬가지였다. 진린의 속셈을 간파한 이순신이 대답했다.

"안 되오. 더욱이 남해에 있는 사람들은 적이 아니오. 적의 포로로 잡힌 우리 동포들이오."

진린이 다시 말했다.

"그러나 이미 적에 붙었으니 적과 마찬가지 아니오."

조선 포로의 머리를 베어 적의 머리라고 보고해 공을 세우려는 수작이었다. 이순신은 그가 하는 짓이 너무도 괘씸했다.

"귀국 황제가 왜적을 무찔러 조선 사람들을 구하라고 보냈는데, 장군은 도리어 적을 살려 보내고 우리 백성들을 죽이려 한단 말이오."

이순신이 꾸짖듯이 항의하자 진린은 부끄러운 나머지 허리에 차고 있던 칼을 빼들었다.

"이 칼은 우리 황제께서 주신 것이오."

진린의 위협에 이순신은 눈 하나 깜빡하지 않았다.

"죽는 것은 아깝지 않소. 나는 대장이 되어 결코 적을 놓아주고 우리 백성을 죽일 수는 없소."

진린은 아무 말도 할 수 없었다.

고니시는 11월 14일에 돼지 2마리와 술 2통, 16일에는 왜선 3척에 창과 칼을 실어 보내며 마지막으로 진린에게 간청했다.

"우리 군사들이 함께 본국으로 돌아가자고 약속이라도 할 수 있도록 여러 진으로 사람을 보내게만 해주시오."

진린은 마침내 이를 허락했다. 그는 왜군 8명이 탄 작은 배 1척을 슬그머니 보내주었다. 그런데 진린의 병사 가운데 진심으로 이순신을 따르는 사람이 있었다. 그가 이순신에게 이 사실을 귀띔했다. 이순신은 급히 장수들을 불러 모아 의논하고는 다음과 같은 계책을 세웠다.

"적의 통신선이 나갔으니 반드시 후원군이 올 것이다. 여기 있다가는 등 뒤에서 적을 맞게 될 테니 우리가 먼저 한바다로 나가서 후원하러 오는 적과 싸워야 한다."

진린에게도 이 계책을 그대로 알려주었다. 진린은 몹시 놀랐고, 비로소 자신의 잘못을 깨닫고 자책했다. 어쨌거나 진린의 배신이 장차 큰 화를 불러오게 되는 순간이었다.

김유신과 소정방

　　조선의 이순신과 명나라의 진린 사이의 일화는 신라의 김유신과 당나라의 소정방 사이의 일화와 매우 닮았다. 660년, 신라는 백제를 치기 위해 당나라에 군사를 요청했다. 당나라는 소정방이 이끄는 13만 대군을 보냈다. 김유신은 신라의 대장군이었지만 소정방의 지휘를 받아야 했다.

　　김유신이 이끄는 신라군은 황산벌에서 계백과 치열한 전투를 치르느라 당나라 군대와 만나기로 약속한 날에 이틀 늦었다. 김유신은 이런 사정을 설명하고 사과하기 위해 가장 아끼는 부하 장수 김문영을 보냈다. 그런데 소정방은 불같이 화를 내며 김문영의 목을 베라고 명령했다. 이때 김유신은 도끼를 들고 달려갔다.

　　"이틀 늦었다고 우리 장수의 목을 베겠다면 나는 그 치욕을 앉아서 당할 수 없다. 기필코 당나라 군과 결전을 벌인 뒤에 백제를 쳐부수리라."

　　김유신의 머리털은 꼿꼿이 곧추서고 허리춤의 칼집에서는 보검이 튀어나왔다.

　　소정방은 기가 꺾여 김문영을 죽이지 못했다. 또한 이후로는 조금도 신라를 얕보지 않았다. 이뿐만 아니라 당나라로 함께 가면 자기보다 더 큰 벼슬을 할 수 있다면서 여러 번 김유신을 설득했다. 물론 김유신도 이순신처럼 이에 조금도 흔들리지 않았다.

이순신,
영원한 수호신
성웅이 되다

11월 17일 저녁, 고니시의 진에서 횃불을 밝혔다. 남해 창선도에 모여 있는 왜군에게 무언가를 알리는 신호였다. 이내 저쪽에서도 횃불이 마주 피어올랐다.

이윽고 남해에 있던 소, 사천에 있던 시마즈, 고성에 있던 다치하나가 500여 척의 배를 이끌고 노량바다로 모여들었다. 특히 시마즈의 수군은 용감하고 잔혹하기로 유명했다.

이튿날, 이순신은 무수한 적들이 노량에 닿았다는 보고를 받았다. 이순신은 부하 장수들과 마지막 작전회의를 했다. 왜교성 앞바다 봉쇄를 풀고, 후원군을 먼저 공격할 수밖에 없다는 결론이었다.

진린과도 의논했다. 진린은 이순신의 작전을 허가하지 않으려 했다. 위험하기만 했지 아무런 이득이 없는 남의 싸움에 애당초 그는 끼어들기가 싫었다. 슬그머니 퇴로를 열어준 뒤 달아나는 적의 뒤를 적당히 공격하기만 해도 충분히 전과를 올릴 수 있었다. 하지만 이순신은, 그리고 조선 수군은 결코 그럴 수 없었다. 적을 응징할 마지막 기회였다. 이때를 놓치면 누가 저들의 죄를 벌할 수 있을까.

이순신은 말리는 진린을 뿌리치고 나팔을 불었다. 공격 명령이었다. 진린도 어쩔 수 없이 이순신 함대를 뒤따랐다. 11월 18일 밤 10시였다. 조선과 명나라 연합군은 그동안 머물던 왜교성 앞 바다를 떠나 노량으로 갔다.

자정이 되자 이순신은 문득 손을 씻고 홀로 갑판 위로 올라갔다. 그는 무릎을 꿇고 양손을 모은 뒤 마지막 소원을 빌었다.

"원수를 무찌른다면 지금 죽어도 여한이 없습니다. 하늘이시여, 천인공노할 죄를 지은 적들을 꼭 무찌르게 해주옵소서."

이순신은 죽음을 겁내지 않았다. 피하려고 하지도 않았다. 삶이 다하면 죽음이 오는 것이야 자연의 섭리가 아니던가. 왜적을 무찌르게 해달라는 이 간절한 소원만 이루어진다면 죽어도 좋았다. 기도가 끝날 즈음 하늘에서 큰 장수별 하나가 떨어져 내렸다.

천인공노
하늘과 사람이 함께 노한다는 뜻으로, 누구나 분노할 만큼 증오스럽거나 도저히 용납할 수 없음을 이르는 말

장수별
겨울철 남쪽 하늘에서 낮게 보이는 별자리. 이 별을 보면 행운이 찾아오거나 장수한다는 전설이 있다.

단 한 명의 왜적도 돌려보내지 마라

노량해전
1598년 11월 19일 노량 앞바다에서 이순신이 이끄는 조선 수군이 일본 수군과 벌인 마지막 해전. 이 해전을 마지막으로 7년간 계속되었던 조선과 일본의 전쟁은 끝난다.

임진왜란의 마지막 날인 11월 19일 새벽. 기도를 마친 이순신은 노량바다를 향해 나아갔다. 왜적도 무려 500여 척의 배를 이끌고 노량으로 들어왔다. 그렇게 조선과 명나라 연합 함대는 왜적과 노량바다 관음포 앞에서 마주했다. 운명의 결전이 시작되었다. 명나라 수군이 뒤로 처지고, 조선 수군이 좌우에서 번개처럼 나타나며 일시에 포를 쏘았다. 놀란 적들은 모였다가 흩어지기를 반복하며 어쩔 줄 몰라 하다가 이윽고 전열을 정비해 다시 맞섰다. 조선 수군은 불붙은 나무를 마구 던져 적의 배들을 불태웠다. 맹렬한 공격이었다.

날이 샐 무렵, 더는 공격을 견뎌내지 못한 왜선들이 관음포 안으로 도망쳐 들어갔다. 하지만 바다가 막혀 달아날 길이 없었다. 궁지에 몰린 적들이 다시 돌아서서 죽기 살기로 맞섰다. 뒤처져 있던 명나라 수군도 이번엔 적과 맞서 싸웠다.

이순신은 이날도 선두에 서서 전군을 지휘했다. 적선들은 이순신의 배를 겹겹이 에워싸며 악착같이 달려들었다. 이순신과 진린은 위급할 때 서로 구해가며 다시 힘을 합쳐 화기를 던지고 포를 쏘았다. 적선들이 잇달아 깨져나갔다.

이날 전투는 다른 해전과 달랐다. 적과의 거리가 아주 가까웠다. 그래서 불붙은 나무나 화기를 적의 배에 던져 넣는 공격을 주로 했다. 대포도 길이가 60센티미터밖에 안 되는 짧은 호준포를 사용했다.

죽음을 무릅쓴 거친 공격에 적은 차츰 무너져갔다. 불에 탄 왜선만 벌써 200척이 넘었다. 살아남은 왜적들은 어떻게든 관음포를 벗어나 남쪽으로 도망치려고 필사적으로 저항했다. 그렇지만 이순신은 단 1명도 그냥 돌려보낼 수 없었다. 7년 동안 죄 없는 조선 백성들을 수없이 죽이고, 사랑하는 자식까지 앗아간 그들을 기어코 응징해야 했다.

적개심에 불탄 이순신은 도망가는 적선을 맹렬히 뒤쫓았다. 팔이 떨어져나가도록 힘차게 북을 치며 군사들을 독려했다.

"싸워라! 한 놈도 그냥 돌려보내지 마라!"

북채를 잡은 손에 점점 더 힘이 들어가고 목이 쉬어갔다. 눈앞에 적들의 최후가 펼쳐졌다.

바로 그때였다. 어둠이 걷히고 검붉은 태양이 노량바다 위로 떠오르는 그때, 어디선가 탄환이 날아와서 이순신의 왼쪽 겨드랑이와 심장 언저리를 뚫고 지나갔다.

이순신은 자신이 치명적인 상처를 입었음을 느꼈다. 그는 급히 방패로 자신의 앞을 가렸다. 행여 적이 자신의 상태를 볼까 걱정해서였다. 부하들이 좌우에서 이순신을 부축해 선실로 들어갔다. 총상으로 가빠진 숨을 참으며 이순신은 잠시 눈을 감고 호흡을 가다듬었다. 전쟁을 치를 때마다 죽음을 준비해왔기 때문에 실제로 죽음을 앞에 두고도 그는 당황하지 않았다. 군사들의 사기가 급격히 떨어지지 않을까, 걱정이라면 오직 그것 하나였다.

"지금 싸움이 한창 급하니……."

넘어가는 숨을 참으며 이순신은 온 힘을 모아 마지막 명령을 내렸다.

"내가 죽었다는 말을 내지 마라."

그 말이 끝남과 동시에 이순신의 얼굴에는 조용한 희열과 평온이 찾아들었다. 그리고 그는 눈을 감았다. 그는 그제야 평생 지고 다니던 무거운 짐을 내려놓았다. 죄 없이 고통받는 조선 백성을 왜적으로부터 구해내야 하는 막중한 책임을 다한 것이다.

큰 별은 그렇게 노량바다에 졌다. 떠오르는 해도 잠시 빛을 잃고 이순신의 죽음을 애도했다.

죽은 뒤에도 나라를 지키다

맏아들 회와 조카 완(맏형 희신의 넷째 아들)은 울지 않았다. 이

순신의 마지막 명령을 지켰다. 대장선에서는 여전히 북소리가 쟁쟁했다. 대장기도 그대로 펄럭이며 싸움을 독려했다. 대장선의 힘찬 북소리와 휘날리는 깃발을 보고 장수들은 힘을 내어 싸웠다. 진린의 배가 포위되어 위태롭게 되었을 때는 완이 군사를 지휘해 진린을 구해내기도 했다.

싸움은 정오가 되어서야 끝났다. 이 전투로 왜선 500여 척 가운데 400척 이상이 깨졌다. 왜로 도주한 선박은 50여 척에 불과했다. 반면 파손된 조선 전함은 10척을 넘지 않았다. 30명이 넘는 이름난 왜장들이 죽었으며, 우리는 10명의 장수가 순국했다.

악명 높은 왜장 시마즈는 부하들이 대신 화살을 맞고 죽는 틈에 남은 배를 이끌고 도망가서 겨우 목숨을 건졌다. 고니시도 쥐새끼처럼 빠져나가 남해 미조목을 거쳐 바깥 바다로 탈출했다.

마지막 전투였다. 부산과 거제도에 모여 있던 왜군은 모두 퇴각했다. 울산과 하동의 적들도 마찬가지였다. 이로써 참혹했던 7년간의 전쟁은 끝을 맺었다.

싸움이 끝나자 진린은 이순신이 타고 있던 대장선으로 달려오며 소리쳤다.

"통제공, 어서 나오시오!"

이완은 그제야 울며 대답했다.

"숙부님은 돌아가셨습니다."

진린은 크게 놀라 배 위에서 연거푸 세 번이나 넘어졌다.

"돌아가신 뒤에도 나를 구하셨구려!"

그는 주먹으로 가슴을 치며 눈물을 쏟았다.

진린뿐 아니라 연합군 전체가 큰소리로 통곡하기 시작했다. 그 울음소리가 한동안 온 바다를 뒤흔들었다.

영원한 수호신 성웅이 되다

이순신의 영구는 남해에서 고금도를 거쳐 아산으로 반장되었다. 가는 곳마다 백성들이 몰려나왔다. 남녀노소 할 것 없이 수레를 붙잡고 하도 울어서 앞으로 나아갈 수가 없었다. 백성들은 거리에서 통곡했고, 승려들은 곳곳에서 재를 올렸다. 아무도 고기를 먹지 않았다. 흰옷을 입지 않은 사람도 없었다. 백성들은 자신들을 구한 진정한 지도자가 사라졌음을 애통해했다.

조정에서는 예관을 보내 제사하고, 이순신에게 우의정을 추증했다. 6년 후에는 선무일등공신으로 올리고, 좌의정을 다시 추증했다. 아울러 덕풍부원군에 봉했다.

1643년(인조21)에는 '충무'라는 시호를 내렸

반장
객지에서 죽은 사람을 그가 살던 곳이나 그의 고향으로 옮겨서 장사를 지냄.

추증
죽은 뒤에 벼슬을 내림.

추봉
죽은 사람에게 관직과 작위를 내림.

다. 부인 방씨는 정경부인으로 추봉했다. 1793년(정조 17년)에는 영의정으로 추증했다. 특히 정조는 이순신을 흠모하는 마음이 깊어서 충무공의 행적을 책으로 펴내게 했다.

이순신의 부하들과 바닷가 백성들은 함께 재물을 모아 사당을 지었다. 충민사라 이름 지은 그곳에서 사계절로 제사를 모셨다. 그 앞을 지나는 사람들은 누구나 참배하고 제사를 올렸다.

전쟁이 끝난 이듬해 1599년 2월, 이순신의 유해는 아산 금성산 아래에 모셔졌다. 15년 뒤인 1614년(광해군 6년)에는 인근의 어라산 아래로 옮겼다. 지금 산소가 있는 곳이다. 묘 바로 아래에는 정조가 만든 '어제 신도비'가 세워져 있다. 임금이 신하의 묘소에 비문을 지은 것은 우리 역사상 이순신의 묘소뿐이다.

정조는 이순신이 조선을 다시 일으켰다고 칭송했다. 어제 신도비의 내용은 이렇다.

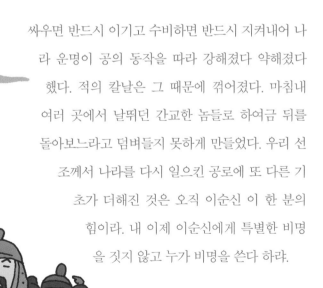

싸우면 반드시 이기고 수비하면 반드시 지켜내어 나라 운명이 공의 동작을 따라 강해졌다 약해졌다 했다. 적의 칼날은 그 때문에 꺾어졌다. 마침내 여러 곳에서 날뛰던 간교한 놈들로 하여금 뒤를 돌아보느라고 덤벼들지 못하게 만들었다. 우리 선조께서 나라를 다시 일으킨 공로에 또 다른 기초가 더해진 것은 오직 이순신 이 한 분의 힘이라. 내 이제 이순신에게 특별한 비명을 짓지 않고 누가 비명을 쓴다 하랴.

이 외에도 이순신의 죽음을 슬퍼하고 그 공적을 칭송하는 글들은 수없이 전해져 온다. 이순신과 같은 시대를 살았던 영의정 이항복은 이순신을 가리켜 '그냥 영웅들과는 비교조차 할 수 없는 사람'이라고 극찬했다. 적국이었던 일본에서조차 이순신을 칭송했다. 도쿠토미 소호가 쓴《근세일본국민사》에는 이렇게 기록되어 있다.

이순신은 이기고 죽었으며 죽고 나서도 이겼다. 조선의 전후 7년 동안 수많은 책사, 변사, 문사가 있었으나 전쟁에서는 이순신한 사람뿐이었다. 일본 수군 장수들은 이순신이 살아 있을 때 기를 펴지 못했다. 그는 조선의 영웅일 뿐 아니라 동양 삼국을 통틀어 최고의 영웅이었다.

전쟁의 마지막 날 노량바다에 진 그 별은 하늘로 올라가 우리민족을 밝히는 영원한 수호별이 되었다. 그 별은 지금도 하늘에서 영롱한 빛을 내뿜고 있다. 후세 사람들은 그를 가리켜 성웅이라한다.

이 순 신　장 군　인 터 뷰

Q 이순신 장군님, 안녕하세요? 저는 미래중학교 강나라입니다. 이렇게 만나 뵈어 영광입니다! 장군님께서 목숨을 걸고 나라를 지켜주셨기에 지금의 우리가 있다고 생각해요. 그런데요, 장군님 이야기를 읽고 궁금한 점이 많이 생겼습니다. 당시 일본은 아시아를 넘어 세계 최강의 군사력을 보유했다고 배웠어요. 그에 비하면 조선은 적을 막을 준비조차 안 돼 있었는데 어떻게 장군님은 전투마다 모두 승리할 수 있었는지요? 그 비결이 궁금합니다.

이 나라의 미래이고 희망인 나라 양을 만나서 나도 반가워요. 내 생각은 그래요. 어떤 전투든 승리의 비결은 오직 하나입니다. 바로 나라 사랑이지요. 내게는 전쟁에서 반드시 이겨 영웅이 되려는 욕심도, 반대로 나라야 어찌 되든 나만 잘살면 된다는 마음도 없었습니다. 그저 내가 태어나 살고 있고, 사랑하는 내 가족과 이웃들이 살아가는 내 나라를 지켜야 한다는 한 가지 생각뿐이었습니다.

힘이 좀 있다고 남의 나라에 다짜고짜 쳐들어와 선량한 백성들을 괴롭히는 왜군에 대한 분노도 컸습니다. 한순간에 삶의 터전을 잃고 적을 피해 떠돌아다니는 피난민들을 마주칠 때마다 그 두려워하는 얼굴과 굶주리고 헐벗은 모습에 가슴이 찢어질 듯 아팠습니다. 그들에게 무슨 잘못이 있었습니까? 우리 땅 우리나라에서 우리 백성들이 그런 고통을 당한 것은 정치하는 사람들의 책임이지만 그들을 탓하고 있을 수만은 없었지요. 딴생각할 겨를 없이 당장 눈앞의 적을 물리쳐야겠다는 일념뿐이었습니다. 내 가족, 내 부하, 내 이웃, 내 백성을 사랑하기 때문에 그 사랑을 지키려고 싸웠습니다. 그게 아마 싸울 때마다 이기게 만든 원동력이 아닐까 싶어요.

Q 저는 한산중학교 1학년 김준비입니다. 장군님 말씀을 들으니 조금은 알 것 같아요. 저도 사랑하는 사람을 위해 싸워본 적이 있거든요. 쌍둥이 동생이 친구들한테 괴롭힘을 당할 때 동생을 구해야 한다는 생각밖에 없었어요. 그때 저보다 힘도 세고 숫자도 많은 애들과 싸우면서 '이럴 줄 알았으면 태권도 수련도 열심히 하고, 평소에 힘도 좀 길러둘 걸' 하는 생각이 들더라고요. 그런데 장군님! 이번에 진도 앞바다에서 침몰한 세월호 사고는 어떻게 생각하세요? 형 누나들이 빠져나오지 못해 많이 희생되었답니다. 너무나 가슴이 아프고 슬퍼요.

앞서 말한 것처럼 내 가족, 내 이웃을 사랑하는 마음이 먼저 있어야 해요. 그 마음이 있다면 그렇게 무책임하게 선장이 배와 승객을 버리고 도망갈 수 없지요. 그리고 일이 생기면 대처할 수 있도록 평소에 미리미리 준비를 해두는 것이 필요해요. 그것이 유비무환이에요. 임진왜란이 일어나기 전까지 우리 조선의 조정이나 군대도 세월호 선장과 별반 다를 바가 없었어요. 아무도 전쟁에 대비하지 않았습니다. 준비가 전혀 안 돼 있는데 왜적이 갑자기 쳐들어오니까 당황하고 겁에 질려 도망부터 쳤던 거지요.

나는 준비를 철저히 하고 있었기에 당황하지 않았습니다. 오랫동안 적의 동태를 살피며 그들이 어떻게 나올지 미리 다 예측하고 있었어요. 꾸준히 군량미와 무기를 마련하고, 배도 만들었지요. 거북선도 그 준비물 가운데 하나입니다. 참, 그것 아시나요? 거북선을 완성한 날이 임진왜란이 일어나기 딱 하루 전이에요. 신기하지 않나요? 하늘은 애쓰고 노력하는 사람을 그렇게 돕습니다. 모든 준비를 마치자 나에게서 두려움은 사라지고 대신에 이길 수 있다는 자신감이 생겼지요. 그래서 이겼습니다.

Q 안녕하세요? 장군님! 저는 아산고등학교 2학년 오다짐입니다. 장군님은 어릴 때 어떤 사람이 되고 싶었나요? 남들보다 늦게 무과 시험을 보시고 한 번 낙방한 후에 서른이 넘어서 겨우(?) 합격하셨잖아요. 장군님도 저처럼 공부보다 노는 것이 더 좋았나요?

하하, 맞아요. 다짐 군! 나도 서울에 살 때 친구들과 군사놀이에 푹 빠져 있었어요. 그렇다고 글공부를 게을리한 건 아니에요. 처음엔 나도 글공부를 열심히 해서 훌륭한 문관이 되려고 했어요. 그런데 나라를 외적으로부터 지키려면 무예를 익혀 무관이 되어야겠다고 목표를 바꾸게 되었지요. 그러자 끊임없는 노력과 고된 훈련이 조금도 싫거나 고생스럽게 느껴지지 않았어요. 목표가 뚜렷했기 때문이지요. 누구나 목표가 생기면 뒤따르는 어려움쯤은 참을 수 있게 됩니다. 목표가 있는 삶과 없는 삶은 무척 달라요. 오늘부터 당장 목표를 써서 방에 붙여놓고 생활해보세요. 하루하루가 달라지는 걸 느낄 수 있을 겁니다.

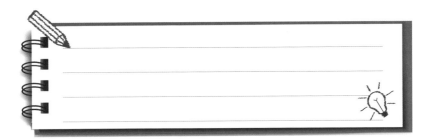

Q 저는 백의중학교 2학년 박의연입니다. 숙제할 때 몇 시까지 끝내자고 목표를 세우면 빨리 마치고 신나게 놀 수 있어서 좋아요. 안 그러면 놀면서도 마음이 불편하거든요.

시험을 앞두고도 '이번에는 평균 80점은 넘어야지' 하고 목표를 세우면 그냥 공부할 때보다 훨씬 더 열심히 하게 돼요. '수학에서 점수가 많이 깎이니까 다른 과목보다 수학을 더 많이 해야겠다. 문제집을 세 권 풀자' 이런 전략도 생기고요. 그렇게 해서 정말 80점을 넘으면 얼마나 뿌듯한지 모르겠어요. 열심히 준비했지만 막상 시험을 볼 때 실수로 틀려서 점수가 안 나오면 속상하기도 하지만요. 혹시 그럴 때 없으셨나요? 열심히 했는데도 결과가 안 좋아서 속상할 때 말이에요.

훈련원 별과시험을 치를 때가 기억납니다. 스물두 살에 무예를 익히기 시작해 6년을 한결같이 훈련했고, 스물여덟 살에 처음 무과시험을 보았는데, 그만 말이 거꾸러지는 바람에 다리가 부러지는 큰 사고를 당했지요. 그 바람에 낙방해서 아쉽기는 하지만 결과에 연연해하지는 않았습니다. 그 상황에서 나는 최선을 다했고 온 정성을 쏟았기 때문입니다.

싸울 때도 나는 부하들에게 말했습니다. 훗날의 공과를 걱정하지 말고 최선을 다해 적을 물리치라고 말입니다. 나중에 누가 얼마나 공을 세웠는지 상세하게 기록해 정당한 보상을 받게 해주었더니 우리 군사들은 정말 잘 싸우게 되었어요. 전쟁이 아무리 위급해도 이처럼 최선을 다해 싸우면 됩니다. 최선을 다하면 후회가 없고, 그 결과에 연연해하지 않게 되지요. 어떤 일이든 마찬가지입니다.

Q 고독도중학교 2학년 나홀로입니다. 제가 있는 곳은 육지에서 멀리 떨어진 섬이라 많은 친구를 보기 힘듭니다. 그래서 공부를 할 땐 서로 돕고 지내지만 다른 일은 대부분 혼자 힘으로 해야 합니다. 아빠와 엄마 모두 바다로 일하러 나가시는 경우가 많기 때문입니다. 이럴 때면 쓸쓸하기도 하지만 누군가의 도움을 받았으면 좋겠다 싶었는데, 장군님 이야기를 읽고 생각이 많이 바뀌었어요. 장군님은 저처럼 아무도 없는 게 아니라 손만 뻗으면 얼마든지 남의 도움을 받을 수 있었는데도 그렇게 하지 않았습니다. 서익 때문에 파직당하셨을 때 율곡에게 부탁하라는 류성룡의 권유를 정중히 거절하신 점은 어린 제게도 많은 것을 느끼게 합니다. 어떻게 그러실 수 있었는지요?

홀로 군은 외로운 그 환경을 자신의 것으로 만들어보세요. 인생은 결국 자신의 힘으로 살아가는 것이지요. 그러려면 일찍부터 혼자 사는 연습이 필요합니다. 자신에게 힘이 있으면 남에게 의지하지 않습니다. 옳지 않은 일 앞에 떳떳하려면 제 힘으로 살 수 있어야 합니다.

나는 다행히 어려서부터 그런 가르침을 받으며 자랐습니다. 그래서 류성룡 선생이 율곡 선생을 찾아가 보라고 할 때에도 이를 거절할 수 있었습니다. 떳떳하지 않은 일로 타인의 도움을 받으면 훗날 틀림없이 그 대가를 치르게 됩니다. 또한 떳떳하지 못한 인

사는 나라를 망치는 지름길이기도 합니다. 자신의 힘으로 떳떳하게 세상을 살다가 나라가 부르면 나아가서 충성을 다하고, 부름을 못 받으면 농사라도 지으며 그대로 사는 것이지요. 그게 떳떳한 인생입니다. 힘 있는 사람에게 의지하고 아첨해서 높은 자리를 얻거나 부귀영화를 바란다면 그게 과연 옳은 일이며, 또 얼마나 오래 가겠습니까?

똑같은 이유로 나는 전쟁을 준비할 때나 전쟁이 벌어졌을 때, 조정의 지원이 비록 없어도 내가 할 일은 내 힘으로 했던 것입니다. 조정의 도움 없이 나는 거북선을 만들고, 군량을 준비하고, 조선 수군을 강한 군대로 키워냈습니다. 쉬운 일은 아니었지만 결국 해낼 수 있었습니다. 제힘으로 이룩해야 온전히 나의 것이 되는 법입니다.

하나 더 여쭤볼 게 있어요. 일본이 독도를 자꾸 자기네 땅이라 우기고 있어요. 장군님은 나라를 지키느라 피를 흘리고 목숨까지 바치셨는데, 우리는 독도 문제를 어떻게 해야 하는지요?

나라 사랑이란 곧 국토 사랑에서 시작하는 것이에요. 우리가 살아가는 삶의 터전은 누구에게든, 어떤 이유로든 빼앗겨서는 안 되지요.

여러분은 잘 모르겠지만 함경도에 가면 내가 한때 둔전관을 지낸 녹둔도라는 섬이 있어요. 나는 여진족으로부터 다리에 화살을 맞고 피를 흘려가면서도 그 섬을 지켜냈는데, 지금은 분하게도 러시아 땅이 되어버렸답니다. 여러분이 어서 자라서 잃어버린 녹둔도도 되찾고, 독도도 강철처럼 지켜야 합니다.

Q 장군님, 저는 거북중학교 1학년 김창의입니다. 며칠 전에 어려운 숙제가 있어서 엄마한테 도와달라고 했더니 "숙제는 네가 하는 거야"라고 딱 잘라 말씀하시기에 굉장히 서운했는데, 지금 말씀을 듣고 보니 제 생각이 잘못이었던 것 같아요. 저는 곧잘 엄마의 도움을 바랐고, 또 그걸 당연시했거든요.

이제부터는 잘하든 못하든 저 혼자 힘으로 해볼래요. 그 숙제, 완벽하게는 못했지만 다하고 나니 굉장히 뿌듯했거든요. 혼자 끙끙대며 하다 보니 알게 되는 것도 많고, 새로운 생각들도 떠올랐어요. 엄마가 도와주셨다면 쉽게는 했을지 몰라도 장군님 말씀처럼 온전히 제 것이 되지는 않았을 것 같아요. 장군님도 모든 일을 스스로 하시다 보니 창의적인 생각도 떠오르고 거북선이라는 멋진 배도 발명하신 게 아닐까요?

그렇습니다. 혼자 힘으로 하다 보면 이런저런 궁리를 많이 하게 됩니다. 임진왜란 당시 일본군은 거리가 떨어졌을 때는 조총을 쏘고, 붙어서는 칼로 싸웠습니다. 그런데 우리는 활을 주 무기로 쓰니 불리할 수밖에 없었지요. 이 문제를 어떻게 풀어야 할지 많은 고민을 했습니다.

그래서 고안해낸 것이 거북선입니다. 조총과 칼로 덤벼드는 적을 막기 위해 지붕에 쇠못을 박았고, 방패막이를 두껍게 둘러쳐서 장갑선을 만들었지요. 아무도 그런 배를 만들라고 지시하지 않았고, 배를 만드는 데 필요한 물자도 지원해주지 않았지만 나는 거북선을 만들어서 전투에 멋지게 활용했습니다. 부족한 군사자금을 마련하려고 해로통행첩을 만든 것도 같은 맥락이지요. 전쟁 중에 맞는 상황은 늘 그처럼 어려웠지만 그럴 때마다 돌파구를 찾기 위해 애를 썼고, 또 항상 새로운 길을 찾아내곤 했어요.

Q 저는 서울에 있는 솔선중학교 3학년 신수범입니다. 장군님은 정말 많은 어려움을 겪으셨는데 한 번도 그냥 포기하거나 용기를 잃지 않으셨어요. 죽음이 두렵지 않으셨나요? 이번 세월호 참사에서도 제자를 구하려고 자신의 구명조끼를 벗어주며 애를 쓰다가 목숨을 잃은 선생님들이 계셔서 가슴이 뭉클했어요. 어떻게 하면 우리도 그렇게 용기 있는 행동을 할 수 있을까요?

사람은 누구나 위험에 놓이면 두렵답니다. 그러나 두려움에 앞서 자신이 해야 할 사명이 무엇인지를 알고, 거기에 따라 미리 준비하면 두려움을 이겨낼 수 있습니다. 세월호 참사 때 위험을 무릅쓰고 사지로 뛰어든 그 선생님은 자신이 교사로서 사랑하는 제자들을 구해야 한다는 사명감이 있었기에 가능했을 것입니다.

나는 지휘관으로서 누구보다 용맹하게 싸워야 할 장수라는 사명을 잠시도 잊지 않았습니다. 장수가 용기를 잃으면 부하들이 어떻게 적에 맞서 싸울 수 있겠습니까. 솔선수범만이 조직을 움직일 수 있습니다. 두려움 때문에 뒤로 슬금슬금 물러나려는 부하들 앞에서 나는 누구보다 용맹하게 싸웠습니다. 총탄이 빗발치는 전선의 제일 앞에서 내가 탄 대장선만 한 시간을 버티며 싸울 때도 있었지요. 그 모습을 보고야 부하들도 용기를 얻어 마침내 12척의 배로 400여 척이 넘는 적선을 물리치는 전란의 기적을 일구어냈습니다.

어려움은 누구한테나 늘 있습니다. 그걸 이겨내는 힘도 바로 자신의 내부에 있다는 사실을 명심하세요.

Q 저는 바다중학교 고최선이라고 합니다. 장군님께서는 "살고자 하면 죽고, 죽고자 하면 살 것이다."라고 하셨는데요 제 마음에 퍽 와 닿는 말인데 정확히 무슨 뜻인가요?

죽을 각오로 최선을 다하면 뜻을 이루지만, 그렇지 않으면 어려움에서 벗어나기 힘들다는 뜻입니다. 최선이란 자신의 온 힘을 다하는 진실하고 성실한 마음, 즉 정성이지요. '내가 죽더라도 온 힘을 다하자'라는 마음으로 싸울 때와 '내가 사는 게 우선이다'라는 마음으로 싸울 때, 어느 쪽이 이기겠습니까. 모든 싸움에서 나는 죽어도 좋다고 생각했습니다. 그렇게 생각하니 무서울 게 없었지요. 만약에 내가 죽음이 두려워서 내 살길만 찾았다면 오히려 일찌감치 전사했을 겁니다. 승리할 수도 없었을 테고요. 싸움뿐만 아니라 다른 일도 모두 마찬가지입니다. 작은 일부터 최선을 다하는 습관이 나중에 큰일도 잘하는 큰사람을 만듭니다.

Q 정의중학교에 다니는 유바른입니다. 저는 학생이니까 공부만 잘하면 나머지는 대충 해도 괜찮다고 생각했어요. 엄마가 "신발 하나 똑바로 벗어놓지 못하면서 무슨 일을 제대로 하겠니." 하고 나무랄 때마다 그게 뭐 그렇게 중요할까 생각했는데, 이제야 그 말씀이 무엇인지 알겠습니다. 장군님은 왠지 신발도 늘 가지런히 벗어놓으셨을 것 같아요. 저도 이제부터는 사소한 일에도 정성을 다해야겠어요.

장군님 얘기 가운데 정여립 모반 사건 당시 감옥에 들어간 정언신 대감을 찾아가는 대목이 나오잖아요. 조대중 집에서 장군님 편지가 발견되었을 때는 그걸 몰래 빼내주겠다는 수사관의 호의도 거절했고요. 보통사람으로선 하기 어려운 일인데 어떻게 그럴 수 있었나요?

내가 사람을 사귈 때 가장 소중히 여기는 것은 의리입니다. 정언신 대감은 나의 상사이기도 했고 평소 좋은 일도 많이 하신 분입니다. 그러니 정 대감이 비록 국사범이 되었다 해도 찾아뵙고 문안드리는 게 인간의 도리이지요. 수사관이 조대중 도사에게 보낸 편지를 압수한 것은 공무를 수행한 것입니다. 설령 그것으로 내게 불이익이 생기더라도 공무로 압수한 편지를 사사롭게 빼내는 건 옳지 않아요.

옳은 길은 아무리 힘들어도 가야 하고, 옳지 않은 길은 아무리 쉽고 편해도 가지 말아야 합니다. 그게 내가 지킨 원칙이에요. 아무리 큰 업적을 이루어도 방법이 옳지 않다면 무너지고 맙니다.
그러나 원칙을 지킨 성공은 어떤 경우에도 무너지지 않아요.

Q 저는 진실중학교 1학년 윤정직입니다. 장군님께서 어려서부터 가난하게 사셨는데, 혹시 부자가 되고 싶은 생각은 없으셨어요? 저는 사고 싶은 게 너무 많아서 돈이 풍족했으면 좋겠거든요. 커서도 부자가 되고 싶고요.

나도 돈이 많으면 좋겠다고 항상 생각했어요. 무기도 넉넉히 마련하고, 군사들을 잘 먹이고 잘 입히고 싶었어요. 식구들 고생도 덜고, 불쌍한 백성들도 돕고 싶었습니다. 내가 할 수 있는 한에서는 최선을 다했지만 늘 부족한 게 사실이었지요.

그러나 내 자신을 위해서는 많은 돈이 필요하지 않았습니다. 단지 어머니를 모시고 아이들과 조카들을 보살피는 데 필요한 돈이면 충분했어요. 원균처럼 운주당에서까지 흥청망청 술을 마시고 놀면서 한양의 권문세가로 뇌물을 실어 보낸다면 얼마나 많은 돈이 들겠습니까. 그러니 병사들을 위해 써야 할 돈이 없어지고, 그것을 눈치 챈 병사들이 따르지 않게 되었지요. 그의 처참한 죽음은 평소 정직하지 못한 행동 때문이라고 해도 지나친 말이 아닙니다.

요즘에는 지나칠 정도로 돈을 좇으며 사는 것 같아요. 돈이 많은 게 나쁜 건 아니지만 돈을 벌려고 수단과 방법을 가리지 않는 게 문제입니다. 그건 좋은 일이 아니지요. 돈은 우리가 살아가는 데 필요한 여러 가지 물건 가운데 하나일 뿐입니다. 돈보다는, 더 크고 가치 있는 인생의 뚜렷한 목표를 가지는 게 좋습니다.

그렇게 몸도 마음도 건강하게 자라서 여러분도 나라를 걱정하는 큰사람이 되기를, 어떤 어려움을 만나더라도 꿋꿋이 나라를 지켜내는 겨레의 큰 대들보가 되기를 바랍니다.

이순신, 조선의 바다를 지켜라 (하)

1판 1쇄 발행 2014년 7월 30일
1판 2쇄 발행 2014년 8월 7일

글쓴이 김종대 김정산
그림 이우일
펴낸이 신민식

책임편집 경정은 김미란
디자인 전아름
마케팅 박화영
경영지원 김경희

펴낸곳 시루
출판등록 2010년 4월 27일
주소 서울시 마포구 양화로6길 9-24 동우빌딩 3층
전화 02-332-4103(마케팅) 02-332-4104(편집실)
팩스 02-332-4111
홈페이지 www.sirubooks.com **이메일** gadian7@naver.com
인쇄·제본 (주)상지사 P&B **종이** 월드페이퍼(주)

ISBN 978-89-98480-25-7 04990
        978-89-98480-23-3 (SET)

「이 도서의 국립중앙도서관 출판시도서목록(CIP)은 서지정보유통지원시스템 홈페이지(http://seoji.nl.go.kr)와 국가자료공동목록시스템(http://www.nl.go.kr/kolisnet)에서 이용하실 수 있습니다.(CIP제어번호: CIP2014021115)」